# 苏联
# 科学界的
# 精英

曾晓娟 宋兆杰 著

科学出版社

北京

# 内 容 简 介

《苏联科学界的精英》是一本苏联科学家中精英人物的传记。本书通过对在苏联不同科学领域产生过重要影响的科学家跌宕的人生命运和卓越的科学成就的撰写，挖掘他们无私奉献、勇于创新的科学精神，洞悉他们面对世界科技前沿问题、面对国家社会发展的重大需求取得举世瞩目的成就的原因。重新审视苏联科学界的精英群体及其科学精神，对我国建设高质量的科学家队伍、弘扬科学家精神具有重要的启示意义。

本书可供科学技术史、科学社会学与科技政策研究者、科研相关部门的决策者和管理者、高等院校的师生以及对科学技术史感兴趣的读者阅读。

**图书在版编目（CIP）数据**

苏联科学界的精英 / 曾晓娟，宋兆杰著. --北京：科学出版社，2024.6.
--ISBN 978-7-03-078979-2

Ⅰ．①K835.126.1

中国国家版本馆 CIP 数据核字第 2024CA1024 号

责任编辑：侯俊琳　刘　琦　高雅琪 / 责任校对：何艳萍
责任印制：师艳茹 / 封面设计：有道文化

科 学 出 版 社 出版
北京东黄城根北街 16 号
邮政编码：100717
http://www.sciencep.com
北京建宏印刷有限公司印刷
科学出版社发行　各地新华书店经销
*
2024 年 6 月第 一 版　开本：720×1000　1/16
2024 年 6 月第一次印刷　印张：22 1/2
字数：341 000
**定价：158.00 元**
（如有印装质量问题，我社负责调换）

续表

| 组件 | 目标规范 | Fraunhofer HHI | Smart 光电 |
|---|---|---|---|
| DFB 激光 | 调谐范围 | 4 nm | * |
| | 输出功率 | 3 mW@150 mA | |
| DBR 激光 | 调谐范围 | 4 nm | * |
| | 输出功率 | 3.5 mW@150 mA | 10 mW@100 mA |
| 隔离部分 | | 是 | 是 |
| 调制器 | | | |
| 热光相位调制器 | 损耗 | 2 dB/cm | * |
| | $I_n \times L$ | 20 mA×mm | |
| 电流注入相位调制器 | 损耗 | 100～200 μm 范围 2 dB | 2 mm 内小于 0.5 dB |
| | $I_n \times L$ | 20 mA×mm | t.b.d. |
| 电光相位调制器 | 损耗 | 11 | 2 mm 内小于 0.5 dB |
| | 带宽 | | 8 GHz |
| | $U_n \times L$ | | 8V×mm |
| PIN 光电二极管 | | | |
| | 3 dB 带宽 | >35 GHz | >30 GHz |
| | 暗电流 | 10 nA@−2 dV | <25 nA@−2V |
| | 响应度 | 0.8A/W | >0.85A/W |
| 无源组件 | | | |
| 直波导 | 损耗 | <2 dB/cm | 2 dB/cm |
| 弧形波导 | 最小半径 | 150 μm | 100 μm |
| 模斑转换器 | 损耗 | 2 dB 到切割处 SSMF | * |
| 1×2 MMI 耦合器 | 损耗 | <1 dB | <1 dB |
| 2×2 MMI 耦合器 | 损耗 | <1 dB | <1 dB |
| 1×2 MMI 反射镜 | 损耗 | * | 1.5 dB |
| | 反射率 | | 35% |
| 1×1 MMI 反射镜 | 损耗 | | 1 dB |
| | 反射率 | | 80% |
| 偏振分束器 | 损耗 | <4 dB | * |
| | 偏振消光比 | >25 dB | |
| 偏振转换器 | 损耗 | <3 d8 | * |
| | 消光 | >10 dB | |

"*"表示正在开发。

国内研究和开发 InP 光子集成器件和工艺的单位有多家，如中国科学院半导体研究所、武汉邮电科学研究院有限公司、浙江大学、华中科技大学、清华大学等，各家均有自己的实验平台，可提供部分工艺的代工。国内商业化的 InP 光子集成代工平台正处于发展阶段，陕西光电子先导院科技有限公司和长春智伟光电科技有限公司等可对国内用户进行代工。

### 2.3.3 关键工艺

对于 InP 材料的光子集成，激光器、光探测器、光调制器、耦合器、波分复用器等器件对波导折射率分布、材料带隙、掺杂浓度等都有不同的要求，也就是说，为实现光集成，要求在芯片平面内不同的位置能准确地控制这些参数，如图 2.3.5 所示。对于以平面加工为主要技术手段的半导体制造工艺而言，在同一平面内实现如此多的参数变化是很困难的。最基本的，为实现发光器件的合波输出，需要在芯片内同时集成无源波导。为避免无源波导的本征光吸收，需要无源波导区域材料的带隙能量大于激光器发出的光子能量。这也就意味着，在同一平面内，需要两种不同带隙的材料，一种长波长材料用来做激光器，一种短波长材料用来做无源波导。若要实现更复杂的功能集成，则不同带隙材料的数目要求更多。

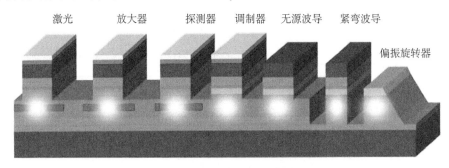

图 2.3.5  InP 材料光子集成

目前改变量子阱能带结构的材料生长技术主要有量子阱混杂（Quantum Well Intermixing，QWI）技术、对接生长（Butt-joint）技术、选区外延（Selective Area Growth，SAG）技术、垂直耦合（Vertical-coupling）技术等，其中垂直耦合技术又分为非对称双波导（Asymmetric Twin Waveguide，ATW）技术和量子阱偏移（Offset Quantum Well，OQW）技术。

### 1. 量子阱混杂技术

QWI 技术是一种生长后处理技术，改变材料带隙并不直接通过生长过程完成。首先在量子阱材料表层形成大量的缺陷，这些缺陷可以通过离子注入、杂质热扩散或者光吸收等方式产生。然后，利用某种激励，目前常用的是快速热退火（RTA）的方式，促使这些缺陷向量子阱区域移动。量子阱中的缺陷会提高材料的扩散能力，促使量子阱/垒材料的组分原子在界面处发生互扩散，进而使材料组分及量子阱界面剖面发生改变，从而改变材料的带隙宽度，如图 2.3.6 所示。量子阱混杂过程中，材料的平均组分几乎没有变化，因此折射率的变化也不大，可以使得界面处的反射最小，耦合效率最高。同时，通过对缺陷浓度剂量的控制，可以改变量子阱混杂的程度以控制带隙波长的变化，灵活性高。

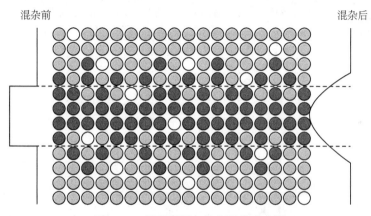

图 2.3.6　量子阱混杂技术原理示意图

### 2. 对接生长技术

对接生长技术原理的实质是一个刻蚀再生长的过程。不同区域的材料通过各自相对独立的生长过程完成。因此能够十分方便地分别优化不同功能区域器件的材料结构。目前，性能最为优越的电吸收调制激光器就是用对接生长技术制作出来的，其原理如图 2.3.7 所示。

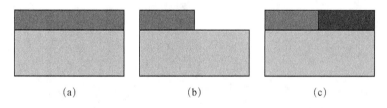

(a)　　　　　　(b)　　　　　　(c)

图 2.3.7　对接生长技术原理示意图。（a）一次材料生长；（b）刻蚀部分材料；（c）对接生长

对接生长技术的关键是如何获得一个良好的对接界面，以减小器件在该处的散射损耗，提高各个光电子器件之间的耦合效率。对接生长技术工艺复杂度与集成的不同带隙材料的个数成正比。每增加一个带隙材料，就需要一次对接生长过程，因此在多带隙结构中，其工艺步骤显得较为繁琐，但是其高品质的性能优势，仍然使其广泛地运用在光子集成器件的制作中。

### 3. 选区外延技术

SAG 技术是利用在衬底平面上制作一些掩膜图形，进而影响金属有机化学气相沉积（MOCVD）生长过程中的各项气相过程，实现不同带隙材料的获得。该技术最大的优势在于可以通过单次外延实现多个不同材料组分及厚度的外延层以制作不同的器件，这一点对于光子集成技术来说是非常诱人的。

图 2.3.8 是 SAG 技术原理示意图，与平面生长类似，在生长过程中，反应室气体在衬底表面形成停滞层。反应物粒子通过三种途径迁移到衬底表面：①直接通过停滞层向衬底垂直气相扩散；②反应物通过停滞层横向气相扩散到达衬底表面；③反应物粒子先扩散至介质膜，再通过横向扩散到达衬底表面。由于介质膜表面对金属有机物源的分解起钝化作用，使得在介质膜表面反应物粒子不能成膜，因此在介质膜表面形成粒子的聚集，使其浓度高于半导体材料表面，这样在介质膜与半导体材料表面之间就形成了一个横向的浓度梯度。聚集在介质膜表面的反应物粒子一方面可以重新扩散，另一方面由于横向浓度梯度的存在向半导体材料表面迁移，使得相邻的半导体材料表面的生长速度加快。因此，靠近掩膜区域的材料厚度要厚于平面区。如果两个介质膜之间的距离足够近，则中间可以形成一个较为平整的选择生长区域。使用方法生长量子阱时，选择生长区域的量子阱厚度较大，其带隙波长也较高，适合做激光器等光源器件。

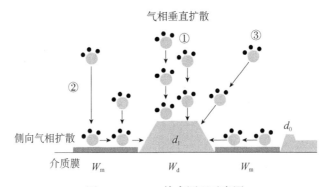

图 2.3.8　SAG 技术原理示意图

### 4．垂直耦合技术

在外延生长过程中同时生长无源波导材料和有源材料，有源材料位于无源材料上方，在后续处理过程中，无源器件上方的有源材料被刻蚀掉。非对称双波导（Asymmetric Twin Waveguide，ATW）技术和 OQW 技术均属于这种技术。

ATW 技术采用一次外延生长，外延片包含上下两层波导，上波导为厚而窄的有源波导，波导宽度从有源层向端面逐渐减小呈水平楔形，下波导为窄而宽的无源波导，负责和光纤耦合，两层波导之间有一层低折射率的空间隔离层，如图 2.3.9 所示。上波导层中传播的光通过空间隔离层向下波导耦合，当上波导达到截止条件时，光被完全耦合到下波导中。运用这一技术的相关研究报道有波长可调半导体激光器、集成的光电探测器、电吸收调制激光器等。

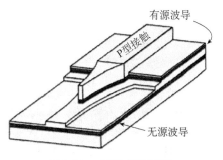

图 2.3.9　ATW 结构示意

在基于 OQW 技术的外延片生长过程中，量子阱结构生长在体材料的无源波导层上方，不采用分别限制结构。在有源器件区域，消逝模的尾部延伸到量子阱区域，从而获得所需的吸收和增益。无源区域上方的量子阱被去除掉。这一技术有两种实施方案，如图 2.3.10 所示，一种是一次性生长完整结构的外延片，然后刻蚀无源区的量子阱材料直至无源波导层；另一种是量子阱材料生长完成后，去除无源区域的量子阱材料，然后在无源区和有源区上方均生长一层覆盖层，这样做的好处是降低了无源波导的损耗，但需要进行多次生长。这一技术的主要问题是由于光导模偏离量子阱，仅仅是消逝模的尾部受到量子阱作用，有源器件的增益和吸收相对较小，对激光器和半导体放大器的影响较大。利用 OQW 技术的光子器件主要有 Franz-Keldysh（F-K）型的电吸收调制器（EAM）、光探测器和半导体光放大器等。

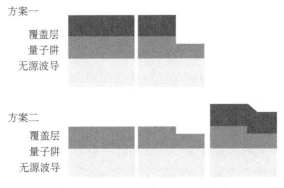

图 2.3.10 OQW 技术的两种方案

### 2.3.4 混合/异构集成

在光通信波段，即 1250～1650 nm 范围，InP 材料的激光器暂无替代。光通信器件的集成发展趋势是不可逆的，要求有高效的光电转换效率和低的光传输结构，前者是强的光与物质相互作用，后者是弱的光与物质相互作用，两者共同对光集成器件材料提出了更高的要求。目前应用于光子集成的基类材料，如绝缘衬上硅（SOI）、二氧化硅/氮化硅/氮氧化硅（$SiO_2/SiN_x/SiO_xN_y$）、光学玻璃、片上铌酸锂（LNOI）、聚合物以及Ⅲ-Ⅴ族化合半导体材料等，均不能独立完好地解决光、电功能结构与器件的集成，因此借鉴微电子三维混合/异构集成技术来发展光子集成，发挥各材料独有的优势，从而实现更多数量、更多功能的高性能光电子集成。

混合/异构集成的关键在于中介层，或者说是基底，中介层或基底是光、电传输与互连的媒介，也是光电子集成芯片的支撑。借鉴微电子先进封装技术中的芯粒（Chiplet）技术，基于不同材料的光电功能芯片，即芯粒，通过引线键合、倒装键合、胶合等技术，与中介层或基底封装在一起，如图 2.3.11 所示，基底采用硅材料，并在其上制作好隔离层、射频信号互连线及焊盘、直流电及焊盘等；激光器驱动（LDD）、光探测器、跨阻放大器（TIA）、光调制器驱动器（MD）等基于硅电 CMOS 的电芯片通过倒装键合封装在基底上；激光器（LD）、光探测器（PD）、光调制器等基于Ⅲ-Ⅴ族材料的光电芯片通过倒装键合或引线键合封装在基底上；波分复用、解复用等基于二氧化硅（$SiO_2$）、SOI 等材料的光芯片通过倒装键合或胶合封装在基底上；光电芯片与光芯片的光通道要实现精确对准和耦合。该技术的难点与挑战主要有以下几个方面：①电芯片、光电芯片与无源光功能的热隔离；②光电芯片与无源光波导的低损耗耦合；③高速射频信号线走线与互连；④光电互连接口可靠性；⑤气密性封装与保护。

混合/异构集成需要光、电协同设计，以实现高性能集成。目前光电子集成无统一的规范，基本都是各自根据制造工艺和结构设计来确定集成方案。案例 2.1 中提到的 POET Technologies 公司的混合/异构集成是采用光中介层来实现光电子功能结构/器件的集成的，目前已实现商业化。图 2.3.12 是采用 SOI 衬底材料的光电子混合/异构集成，与图 2.3.11 相比，用 SOI 的顶层硅来制作波分复用 MUX、解复用 DeMUX 等光芯片，芯粒与衬底键合或胶合不在同一平面上，高速射频信号线走线可能会受到一定影响。

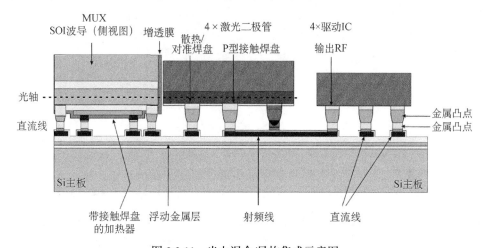

图 2.3.11 光电混合/异构集成示意图

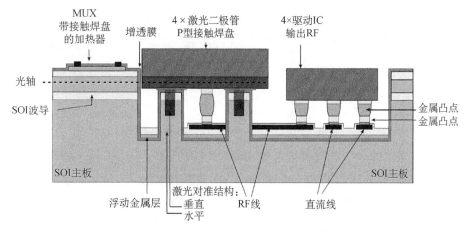

图 2.3.12 基于 SOI 衬底材料的光电子混合/异构集成示意图

案例 2.2 的 SOI 光子集成方案中 InP 材料激光器的集成也是一种很好的混合/

异构集成方法，目前已商业化应用，但在良率和成本上还有待进一步提高。

### 2.3.5 案例小结

InP 是直接带隙材料，是制作光通信激光器的最好材料，但不是 CMOS 集成电路的最好材料，因此在光电单片集成方面没有优势。不过可通过混合/异构集成，与 SiO₂、SOI 等材料的光芯片、光电芯片以及电芯片集成在一起，进而实现光电子结构与功能集成。本案例首先介绍 InP 光子集成技术的发展历程、InP 光子集成 PDK 及工艺平台发展情况，以及现有 InP 光子集成技术能力和水平，然后介绍 InP 光子集成的关键工艺，最后介绍 InP 材料与其他材料体系的混合/异构集成技术。

### 2.3.6 案例使用说明

#### 1. 教学目的与用途

通过本案例的学习，了解和掌握 InP 光子集成发展历程、PDK、制造工艺平台和关键工艺，了解和掌握如何通过混合/异构集成的方式解决光电子结构和功能集成，以及目前还存在哪些技术难题。同时了解和熟悉目前国内外 InP 光子集成流片工艺平台的相关信息，为以后从事这方面的研究和工作打下基础。

#### 2. 涉及知识点

半导体带隙、激光器、光调制器、光探测器、半导体光放大器、混合/异构集成、芯粒、外延 EPI、量子阱。

#### 3. 配套教材

[1] 周治平. 硅基光电子学. 北京：北京大学出版社，2012

[2] Chrostowski L，Hochberg M. Silicon Photonics Design：Form Devices to Systems. Cambridge: Cambridge University Press，2015

[3] 赫罗斯托夫斯基 L，霍克伯格 M. 硅光子设计——从器件到系统. 郑煜，蒋连琼，郜飘飘，等译. 北京：科学出版社，2021

#### 4. 启发思考题

（1）受激辐射是怎么一回事？受激辐射的概念是哪位物理学家提出的？首

次实验证明的是哪位物理学家?

（2）半导体带隙与激光器发光波长有何关系?

（3）半导体带隙如何调控?

### 5. 分析思路

首先从受激辐射的概念讲解开始，直接带隙材料高能级上的原子，受到一定能量的外来光子的激励，由高能级受迫跃迁到低能级，同时辐射出一个与激励光子全同的光子，该光子的频率（波长）与外来光子的频率相同。光通信波段激光器材料最好的就是 InP，是直接带隙材料，然后介绍 InP 材料的特性，最大的优势就是能带可调，进而可在同一衬底材料上制作激光器、光探测器、光调制器和光放大器，同时 InP 也可用作电路的集成，但与硅电 CMOS 集成相比，优势不大。然后介绍 InP 光子集成发展历程、PDK、制造工艺平台和关键工艺，最后介绍通过混合/异构集成的方式实现 InP 材料的光电子结构和功能集成。

### 6. 理论依据

见 2.3.3 节介绍。

### 7. 背景信息

见案例 2.4 引言和 2.4.1 节介绍。

图 2.3.13 为德国 HHI 的 InP 光子集成技术，给出了各基本功能单元的外延层分布。

（1）三种折射率差的无源光波导结构，即 E200、E600 和 E1700，用于弯曲、多模干涉（MMI）、阵列波导光栅（AWG）等，传输损耗 1.5~2.0 dB/cm。

（2）光探测器（单）和平衡探测器（双），3 dB 带宽 45 GHz，响应度大于 0.8A/W。

（3）半导体光放大器（SOA），增益 4 dB/100 μm。

（4）分布反馈（DFB）激光器与分布布拉格反射（DBR）激光器，输出功率大于 3 mW。

（5）布拉格光栅，包括均匀、超结构、采样光栅，$\kappa$ 为 80 cm$^{-1}$。

（6）电吸收调制器（EAM），3 dB 带宽 45 GHz。

（7）模斑适配器（SSC），模斑尺寸 10 μm×7 μm，与单模光纤的耦合损耗小于 2 dB。

（8）偏振分束器和旋转器（图 2.3.13 中未标出）。

Q（1.06）指的是掺 Fe 的晶格匹配四级材料（InGaAsP），其能带位于 1.06 μm 处。

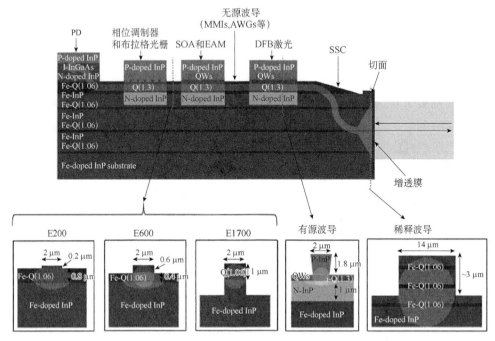

图 2.3.13　德国 HHI 的 InP 光子集成技术

图 2.3.14 为埃因霍芬理工大学光子集成研究中心的 InP 光子集成技术。A、B、C、D 和 E 为五类典型功能元件结构，A 可实现半导体放大功能和光探测，B 可作为互连与传输光波导，C 可作为迈克尔逊相位调制器，D 可作为热调双工器，E 的作用是增加 SOA 和光探测之间的电阻。

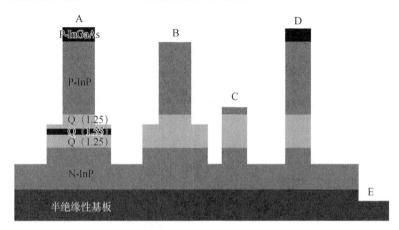

图 2.3.14　埃因霍芬理工大学光子集成研究中心的 InP 光子集成技术

### 8. 关键要点

（1）InP 材料能带调控原理和方法。

（2）InP 材料的光电子功能结构与器件如何与其他材料的光子功能结构与器件集成。

### 9. 课堂计划建议

| 课堂时间 90 min | 0～10 min | 学生围绕"受激辐射"自由讨论 |
| --- | --- | --- |
| | 10～60 min | 讲授能带及其对受激辐射的原理，然后介绍 InP 材料及其特性，及其可实现的典型器件制作。然后介绍 InP 光子集成的发展、PDK 和工艺平台 |
| | 60～80 min | 介绍 InP 光子集成的关键工艺和混合/异构集成方法 |
| | 80～90 min | 对案例进行总结。布置设计作业：要求学生查阅目前关于 InP 光子集成的案例和研究单位 |

# 参 考 文 献

［1］Smit M，Williams K，van der Tol J. Past，present，and future of InP-based photonic integration. APL Photonics，2019，4：050901

［2］Yan Z，Han Y，Lin L Y，et al. A monolithic InP/SOI platform for integrated photonics. Light：Science & Applications，2021，10（1）：2047-7538

［3］Klamkin J，Zhao H W，Song B W，et al. Indium phosphide photonic integrated circuits：Technology and applications. IEEE BiCMOS and Compound Semiconductor Integrated Circuits and Technology Symposium（BCICTS），San Diego，USA，2018

［4］Zhao H W，Pinna S，Sang F Q，et al. High-power indium phosphide photonic integrated circuits. IEEE Journal of Selected Topics in Quantum Electronics，2019，25（6）：4500410

［5］Jiao Y Q，Nishiyama N，van der Tol J，et al. InP membrane integrated photonics research. Semiconductor Science and Technology，2020，36（1）：013001

［6］Smit M. Progress in InP-based photonic integration. Frontiers in Optics，San Jose USA，2015

［7］Gilardi G，Smit M K. Generic InP-based integration technology：Present and prospects. Progress In Electromagnetics Research，2014，147：23-35

［8］van der Tol J，Oei Y S，Khalique U，et al. InP-based photonic circuits：Comparison of monolithic integration techniques. Progress in Quantum Electronics，2010，34（4）：135-172

［9］Smit M，Leijtens X，Ambrosius H，et al. An introduction to InP-based generic integration technology. Semiconductor Science and Technology，2014，29（8）：083001

［10］Augustin L M，Santos R，Haan E，et al. InP-based generic foundry platform for photonic integrated circuits. IEEE Journal of Selected Topics in Quantum Electronics, 2018, 24（1）: 6100210

[11] Lawniczuk K, Kazmierski C, Provost J G, et al. InP-based photonic multiwavelength transmitter with DBR laser array. IEEE Photonic Technology Letters, 2013, 25（4）: 352-354

[12] 郑俊守. 基于重构等效啁啾技术的取样光栅在 DFB 半导体激光器及其阵列中的应用. 南京: 南京大学, 2015

[13] 赵建宜. WDM-PON 用单片集成光源芯片的理论与实验研究. 武汉: 华中科技大学, 2014

[14] van Dijk F, Kervella G, Lamponi M, et al. Integrated InP heterodyne millimeter wave transmitter. IEEE Photonics Technology Letters, 2014, 26（10）: 965-968

[15] van der Tol J, Jiao Y, Shen L, et al. Indium phosphide integrated photonics in membranes. IEEE Journal of Selected Topics in Quantum Electronics, 2018, 24（1）: 6100809

[16] Suzuki M, Noda Y, Tanaka H, et al. Monolithic integration of InGaAsP/InP distributed feedback laser and electroabsorption modulator by vapor phase epitaxy. Journal of Lightwave Technology, 1987, 5（9）: 1277-1285

[17] Smit M, van der Tol J, Hill M. Moore's law in photonics. Laser & Photonics Reviews, 2012, 6（1）: 1-13

[18] Liu A Y, Bowers J. Photonic Integration with Epitaxial Ⅲ-V on Silicon. IEEE Journal of Selected Topics in Quantum Electronics, 2018, 24（6）: 6000412

[19] Jiao Y, de Vries T, Unger R, et al. Vertical and smooth single-step reactive ion etching process for InP membrane waveguides. Journal of The Electrochemical Society, 2015, 162（8）: E90-E95

[20] Kollakowski St, Lemm Ch, Strittmatter A, et al. Buried InAlGaAs-InP waveguides: Etching, overgrowth, and characterization. IEEE Photonics Technologies Letters, 1998, 10（1）: 114-116

# 案例 2.4　绝缘衬上铌酸锂薄膜光子集成

铌酸锂（LiNbO$_3$，一般缩写为 LN）是一种多功能的铁电材料，被认为是光子学领域中的"硅"，LN 带隙较宽，$0.35\sim5$ μm，可实现较宽波段范围内的多种光学应用，如高速电光调制、非线性光学频率转换和频率梳生成等，制造方式是基于高温扩散技术或质子交换技术实现折射率差，以形成包层结构，但折射率差较小，对光的限制弱，模场较大，电光重叠度低，芯片尺寸相对大，难以实现 LN 芯片的集成，从而限制了 LN 集成技术的发展。

直到最近几年随着晶圆键合技术和智能切片（Smart Cut）工艺的发展，实现了绝缘衬上铌酸锂（LNOI）薄膜，顶层 LN 厚度 300～900 nm。LNOI 薄膜保留了 LN 材料的特有优势，能够在较大尺寸下保持良好的均匀性。与 LN 体块材料相比，LNOI 薄膜构成的光波导芯包层折射率差较大，从而可以对导波模式有更强的限制，能够实现芯片的小型化以及高度集成化；另一方面，LNOI 薄膜光波导的光场提升了与电场的重叠程度，适合于高效高速电光转换芯片/器件。LNOI 薄膜可以很好地将铌酸锂材料优异的电光、声光、非线性等性能与结构紧凑的光波导相结合，具有波导截面尺寸小、电场密度高、非线性效应强、半波电压长度积低、高速等优点。

2017 年，哈佛大学发布了题为 *Now entering, lithium niobate valley*（人类正在进入铌酸锂谷的时代）的公告，公告指出："铌酸锂对于光子学的意义，等同于硅对于电子学的意义"，"铌酸锂有望在光子学领域替代硅材料，为突破通信领域功耗大、速度慢的瓶颈性问题提供解决方案"。未来，极低的光学损耗、光电功能丰富的铌酸锂光子学芯片将在光通信、大数据中心、光量子计算、量子通信、人工智能等领域彰显出巨大的应用价值。

## 2.4.1　LNOI 技术及光子器件

21 世纪初，光子集成功能验证首先在绝缘衬上硅（SOI）上完成，基于 SOI 材料的硅光平台在众多无源器件的设计和制备上已获得了非常成熟的发展，硅基光电子技术正逐渐从实验室走向产业化应用。然而由于 Si 本身为中心对称晶体，缺乏电光效应和二次非线性，因而在高速电光调制器和非线性器件的制备上面临着天然的劣势。

LN 是广泛使用的光电材料之一，其电光特性出众，基于 LN 制造的光调制器是现代光纤通信技术的支柱，且其在透明窗口范围、光学损耗、非线性性能、高速电光调制性能和压电性能等方面相较硅有很大的优势，如表 2.4.1 所示。自 1990 年 LN 晶体产业化以来，研究人员就尝试使用质子交换等技术来制造光波导，但由于当时绝缘衬上薄膜未开发成功，其集成光子学的巨大应用潜力并未被发掘。近几年随着晶圆键合技术和智能切片工艺的成熟，成功开发出 LNOI 薄膜，借助于先进的微纳制造技术，LNOI 光子集成器件逐步迈向产业化应用，进而催生着 LNOI 微纳光学、集成光子学和微波光子学的进一步发展。

表 2.4.1　LN 和 Si 性能对比

| 材料 | 带隙和透明窗口 | 折射率 | 电光系数/(pm/V) | 二阶: $d_{ij}$/（pm/V） | 波导损耗 | 压电/(pC/N) |
|---|---|---|---|---|---|---|
| Si | 1.1 eV 1.1～5.5 μm | 3.5 | 载流子等离子体色散效应 | NA | ～1 dB/cm | NA |
| LN | 4 eV 0.35～5.5 μm | 2.2 | $R_{33}$=30.8（泡克耳斯效应） | $D_{33}$=25.2 (@1.06 μm) | ～0.027 dB/cm | $D_{15}$=74 |

　　高性能 LNOI 材料的制备是其应用的前提。目前，基于 He 注入的智能切片工艺是制备 LNOI 较吸引人的一种方式，如图 2.4.1 所示，首先将 He 离子以一定能量注入沿某一晶轴方向（通常是 X 轴，称为 X-Cut）切割的 LN 材料中，在 LN 表面层下方一定深度引入缺陷层；然后经过离子注入的 LN 材料与带有氧化层的硅衬底键合形成键合结构；之后将键合结构进行退火，使 He 离子注入引入的缺陷，演化聚集形成裂纹，并最终使 LN 沿缺陷层分离，形成 LN 剥离剩余片和 LNOI 晶圆；最后通过化学机械抛光（CMP）去除 LNOI 表面的离子注入损伤层，并通过退火恢复 LN 的晶格质量，完成 LNOI 晶圆的制备。制备的 LNOI 晶圆如图 2.4.2 所示，利用白光干涉仪测得剥离后的薄膜厚度不均匀性为 ±0.3%，经过 CMP 后，薄膜厚度不均匀性可控制在 ±3% 以内，表面粗糙度在 0.5 nm 以下。由 XRD 单晶衍射仪测得的铌酸锂薄膜的半高宽仅为 40 弧秒，具有优异的晶体质量。

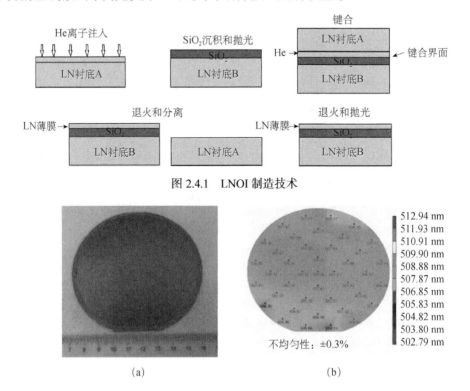

图 2.4.1　LNOI 制造技术

不均匀性：±0.3%

512.94 nm
511.93 nm
510.91 nm
509.90 nm
508.88 nm
507.87 nm
506.85 nm
505.83 nm
504.82 nm
503.80 nm
502.79 nm

(a)　　　　　　　　　　　(b)

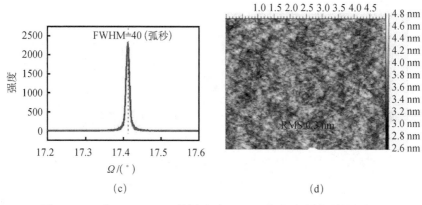

图 2.4.2　4 寸 *X*-Cut LNOI 晶圆（a）、LNOI 白光干涉测量结果（b）、
LNOI XRD 测试结果（c）和 LNOI CMP 后表面粗糙度结果（d）（彩图请扫封底二维码）

近年来，结合先进的微纳制造工艺和成熟的 LNOI 平台，基于 LNOI 的光调制器、高效非线性光学器件、光频梳、声光调制器等片上微纳光子学结构被大量验证。LNOI 低损耗波导的制造是探索 LN 在微纳光子学领域应用的前提。然而由于 LN 较好的化学稳定性和较低的韧性，LNOI 光波导的刻蚀一直是一个难题。2017 年，哈佛大学的 Loncar 等通过使用 Ar 离子 ICP-RIE 刻蚀工艺，成功制备了超低损耗的 LNOI 光波导，该波导损耗可低至 0.027 dB/cm，也开启了 LNOI 在集成光学、微波光子学等领域的研究热潮。

光调制器方面：光调制器历来是 LN 材料的优势，不过受扩散工艺的限制，芯包层折射率差小，导致芯片/器件结构尺寸大；LNOI 薄膜可实现芯包层折射率差大，同时也可最大限度地利用 LN 的光电特性，LNOI 可以在不牺牲电光重叠的情况下实现相位匹配，且容易以与光几乎相同的群速度传播。Ren 等通过使用电子束光刻（Electron Beam Lithography，EBL）技术和 RIE 技术制备了低损耗（约 1 dB/通道）双通道相位光调制器，如图 2.4.3 所示，当抽运波长控制在 1564～1576 nm 范围内时，该相位调制器表现出较宽的频率带宽（5～40 GHz）以及较低的半波电压（3.5～4.5V）。Jin 等通过调整单个干涉仪的偏置电压，补偿由于光束分离不均匀和 EBL 加工误差引起的损耗，在级联的 M-Z 干涉仪中突破了 30 dB 消光比的极限，在 1500～1600 nm 波长范围内实现高达 53 dB 的消光比，提升了对施加的射频信号的调制灵敏度。

非线性光学器件方面：LN 具有优异的非线性光学性质。由于 LN 电畴取向容易被极化，周期极化铌酸锂（PPLN）的技术可以被用来实现高效非线性转换中所必须满足的动量守恒条件，这使得 LNOI 在片上非线性光学研究和应用中具有很大的优势，如图 2.4.4（a）所示，2018 年 Loncar 等在 LNOI 上利用 PPLN 技术实现了效率为 2600% /（$W^{-1} \cdot cm^{-2}$）的二次谐波产生，如此高的转换效率源于 LN 所具有的强二阶非线性系数、LN 波导所具有的高光学模式限制系数以及精确控制的周期极化均匀性。利用 X-cut LN 微盘中的自相位匹配机制，高效的三阶非线性转换在 LNOI 微腔中也被验证，如图 2.4.4（b）所示。

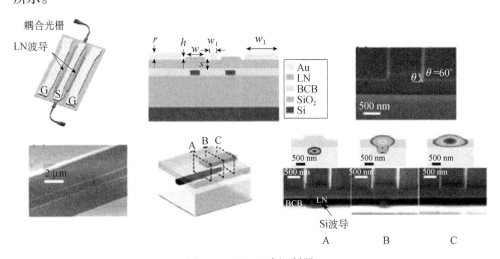

图 2.4.3　LNOI 光调制器

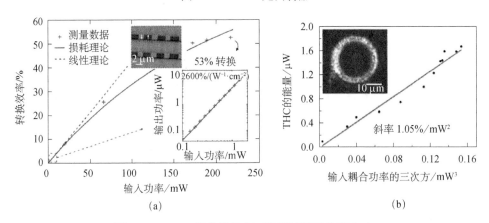

(a)　　　　　　　　　　　　　(b)

图 2.4.4　PPLN 器件结构与二次谐波转换效率（a）
和 LN 微盘上的二次谐波和三次谐波产生（b）

光频梳方面：光频梳在光学通信、精密计量、定时和光谱学等领域具有十分重要的作用。Zhang 等通过 EBL 技术和 RIE 技术制备了 LNOI 片上集成的环形谐振腔，腔内产生的电光频梳克服了传统光频梳覆盖光谱较窄的缺陷，实验测得的电光频梳齿覆盖了全部 L 通信波段（1565～1625 nm）的频率范围（多于 900 条梳齿线，间隔约 10 GHz），如图 2.4.5 所示。

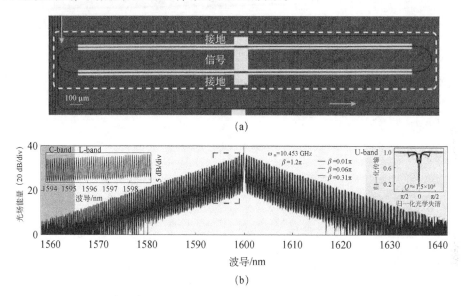

图 2.4.5　LNOI 光频率梳子。（a）LNOI-微环谐振腔光频梳结构；（b）输出频谱

## 2.4.2　LNOI 光波导制造技术及 PDK

因 LN 具有较好的化学稳定性和较低的韧性，导致其加工一直是一个难题。在微电子制造过程中，对于 SiO$_2$、Si 等材料，如果采用干法刻蚀，则要求反应生产物最好是气体，或者相对较易通过高能离子除去；如果采用湿法腐蚀，则要求有较好的腐蚀速率。对于 LN，如果采用干法刻蚀，则生成物均为固体，如 LiF，导致边刻蚀边沉积，影响刻蚀效率、波导结构和形貌；湿法腐蚀对 LN 基本无作用。尽管先后研发了多种加工方法，如飞秒激光微加工、氢氟酸腐蚀、机械化学抛光（图 2.4.6）等，但仍难以满足批量制造需求，且性能均匀性、一致性都受到影响。在 LNOI 光子集成的发展道路上，出现了很多 LNOI 光波导结构及工艺实现方法。

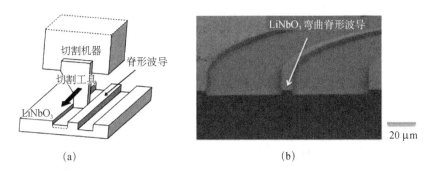

(a)                          (b)

图 2.4.6　基于 CMP 的 LNOI 光波导制造技术

常见的 LNOI 光波导结构主要有载入脊形（Rib-loaded）、干法刻蚀脊形（Dry-etched）、键合脊形（Bonding），其中键合脊形又可分为无刻蚀型和刻蚀型，如图 2.4.7 所示。

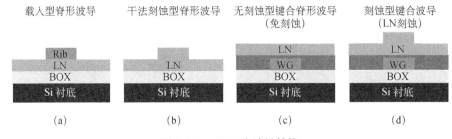

图 2.4.7　LNOI 光波导结构

载入型脊形 LNOI 光波导通常是指由两种材料组成的脊形波导，一种材料做脊形波导 slab 层，另一种材料做脊形波导脊层，如图 2.4.7（a）所示，两种材料组成混合脊形波导结构，可以采用沉积工艺法，也可以采用键合工艺实现，虽然两者在结构及仿真分析上没有任何区别，但实际涉及的工艺差别非常大，如图 2.4.8 所示。此处不把键合方法实现的波导归入载入型波导。载入型 LNOI 光波导是指在 LNOI 上通过沉积工艺将第二种材料（如 SiN、a-Si、TiO$_2$、Ti$_2$O$_5$、聚合物等）沉积到 LN 薄膜表面，然后通过光刻工艺刻蚀第二层材料，形成混合的脊形波导，称为载入型脊形波导，可实现 0.32 dB/cm 的传输损耗。

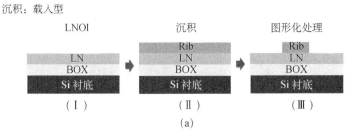

(a)

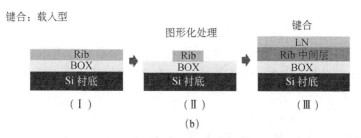

图 2.4.8　基于沉积工艺的载入型光波导（a）和基于键合工艺的载入型光波导（b）

干法刻蚀（Dry-etched）型 LNOI 光波导是采用与传统光子集成相同的方法，直接对 LNOI 进行刻蚀，形成光波导结构。由于 LN 本身的特性，导致 LN 刻蚀较难，所以 LN 刻蚀工艺成为整个 LNOI 集成光学核心技术环节。通过多年的研究和发展，目前行业内主流的方法是氩离子干法刻蚀，这里把直接刻蚀的 LNOI 光波导统一归类为干法刻蚀型光波导，典型工艺如图 2.4.9 所示，可实现低至 0.027 dB/cm 的传输损耗，不过难度较大。

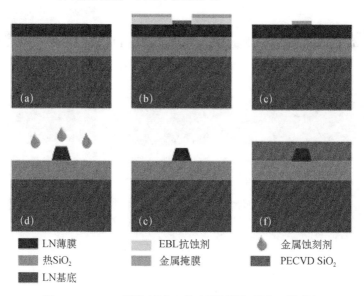

图 2.4.9　LNOI 干法刻蚀工艺（彩图请扫封底二维码）

键合（Bonded）型 LNOI 光波导通常是指将其他材料通过键合的方式，与 LN 薄膜/光波导形成混合波导或者多层互连结构。目前基于键合工艺的 LN 混合波导包括两种典型结构，一种是 LN 薄膜无须刻蚀，如硅/氮化硅波导与 LN 薄膜键合，如图 2.4.7（c）所示；另一种是 LN 需要刻蚀波导，如硅光波导与 LN

光波导异质集成。键合工艺方案与前面两种波导类型工艺相比，复杂程度显著增加，因为键合工艺不仅需要高质量键合工艺，同时也需要高质量 LN 刻蚀工艺。图 2.4.10 为基于大马士革工艺的 LN 薄膜集成工艺，可实现 0.3 dB/cm 的传输损耗。

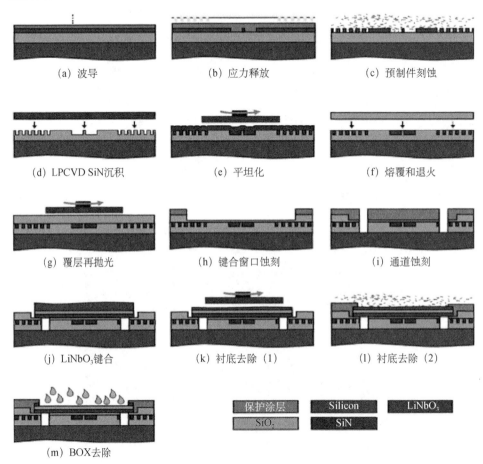

（a）波导　　　　　　　　　　（b）应力释放　　　　　　　　　（c）预制件刻蚀

（d）LPCVD SiN 沉积　　　　　　（e）平坦化　　　　　　　　　　（f）熔覆和退火

（g）覆层再抛光　　　　　　　　（h）键合窗口蚀刻　　　　　　　（i）通道蚀刻

（j）LiNbO₃键合　　　　　　　　（k）衬底去除（1）　　　　　　　（l）衬底去除（2）

（m）BOX 去除

| 保护涂层 | Silicon | LiNbO₃ |
| SiO₂ | SiN | |

图 2.4.10　基于大马士革工艺的 LN 薄膜集成工艺（彩图请扫封底二维码）

全球首个商业化运作的 LNOI 光子集成工艺平台是 Versics（瑞士的一家公司），依托苏黎世联邦理工学院 ETH Zurich 的微纳科学中心和苏黎世联邦理工学院，可提供标准化的 PDK 文件。国内刚起步，如南智光电 IOPTEE，依托南京大学光电集成祝世宁院士团队建立起来的一家商业化运作的开放共享技术平台，无标准化的 PDK 文件提供。

### 2.4.3 关键工艺

LNOI 光子集成必须走与 CMOS 兼容的工艺，否则难以走向产业化应用，其关键就是 LNOI 的干法刻蚀。LNOI 的干法刻蚀可以单独利用氩气作为刻蚀气体，也可以利用氩气和氟基气体混合作为刻蚀气体。氩气是惰性气体，以氩气为刻蚀气体的刻蚀过程是一个物理轰击的过程，其制造需要结合多次光刻和改进的氩离子干法刻蚀。传输损耗可以做到 2.7 dB/cm，再减小，困难较大，原因是氩离子干法刻蚀只是一个物理轰击的过程，存在刻蚀选择性差的缺点，刻蚀所得的光波导截面呈明显的正梯形结构，光波导侧壁具有较大的斜坡角度，约 27°。梯形截面的光波导在耦合设计计算时较为困难，会导致器件结构设计的复杂性。

氩气和氟基气体混合的干法刻蚀由于刻蚀过程中包含了氟离子与 LN 的化学反应，因此具有较好的刻蚀选择性和高刻蚀速率。该方法所形成的光波导截面也为正梯形结构，但光波导侧壁斜坡角度仅为 15°，传输损耗可以做到 0.4 dB/cm。氟离子与 LN 反应会生成固体 LiF，沉积在光波导表面，阻碍继续刻蚀，且随着刻蚀时间的增加，光波导表面的粗糙度也会随着 LiF 的增多而增加。

如何优化氩气和氟基气体混合的干法刻蚀工艺，以进一步减小光波导侧壁斜坡角度和传输损耗、增加刻蚀深度是当前研究 LNOI 光子集成的热点之一。

### 2.4.4 混合/异构集成

LN 由于其良好的光电特性，很是被看好，被认为"有望在光子学领域替代硅材料，为突破通信领域功耗大、速度慢的瓶颈性问题提供解决方案"（2017 年哈佛大学发布的题为 *Now entering, lithium niobate valley*（人类正在进入铌酸锂谷的时代）的公告）。同硅材料相比，LN 材料的光调制特性强很多，但在其他方面无明显优势，且 LN 还存在制造难的问题，其发展远不如预期。

随着微电子领域 MtM（More than Moore）的发展，以功能多样化的发展模式，可在同一衬底材料上通过混合/异构集成实现更多的功能。光子集成亦可借鉴这种方式，将各优势材料，如发光特性良好的 III-V 族材料、光调制特性良好的 LN 材料、低传输损耗的 $SiO_2$ 和 SiON 等材料、电路集成的 Si 材料等，如图 2.4.11 所示，通过混合/异构集成在同一衬底材料上，以实现复杂的光电功能集成，进而实现光的产生、调制、探测和传输等功能。2.4.2 节中键合型 LNOI 光波导实质上就是 LN 材料的混合/异构集成。图 2.4.12 为华为提出的 LNOI 混合/异构集成方案，样品 3 dB 带宽大于 100 GHz，驱动电压小于 1.1V，光调制器损耗约为 2.5 dB，与标准单模光纤的耦合损耗小于 0.6 dB，可实现 10 km 的 200G PAM4 信号传输，下一步华为将利用该技术实现相干光调制。

| 基本构成元素 | InP（最通用平台） | SiPh（最通用平台） | SiN | 玻璃 | 聚合物 | 氧化硅 | LiNbO₃ |
|---|---|---|---|---|---|---|---|
| 无源器件 | ++ | ++ | +++ | +++ | +++ | +++ | 混合 |
| 偏光元件 | ++ | ++ | ++ | + | 混合 | 混合 | 混合 |
| 激光 | +++ | 混合 | 混合 | 混合 | 混合 | 混合 | 混合 |
| 调制器 | +++ | ++ | + | 混合 | 混合 | 混合 | ++++ |
| 开关 | ++ | ++ | + | + | + | + | |
| 光放大器 | +++ | 混合 | 混合 | 混合 | 混合 | 混合 | 混合 |
| 探测器 | +++ | ++ | 混合 | 混合 | 混合 | 混合 | 混合 |
| 优势 | 最适合激光主动集成 | • 最适合光电一体化<br>• 尺寸最小 | • 低成本<br>• 小尺寸 | 工艺简单<br>低成本 | 与Si/InP平台兼容 | 低损耗，低成本 | 很好的调制功能 |
| 缺点 | • 波长限制在1.3～1.7μm<br>• 大规模生产成本高<br>• 复杂的Epi | 光波进出困难 | 材料特性取决于工艺 | 功能少 | 可靠性/热管理存在问题 | 不具备有源功能 | 损伤阈值低 |
| 行业现状 | 产能上升期 | 大批量生产 | 小批量生产 | 试生产 | 研发期 | 大批量生产 | 大批量生产 |

图 2.4.11　光电子集成工艺平台材料及器件

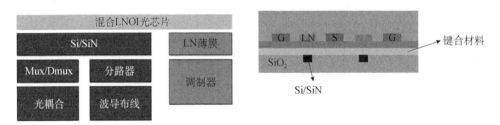

图 2.4.12　华为提出的 LNOI 混合/异构集成方案

## 2.4.5　案例小结

LN 是广泛使用的光电材料之一，其电光特性出众，是目前光纤通信系统中制造光调制器的最好材料。LNOI 继承了 LN 的优良特性，已在光子集成技术中崭露头角。本案例首先介绍了 LNOI 技术及其光子器件；受制造技术的影响，LNOI 光波导有多种形式，其中比较被看好的是键合型的，便于与其他材料的光功能结构实现混合/异构集成；然后介绍了 LNOI 制造平台的关键工艺，即 LN

的高质量干法刻蚀；最后介绍了 LNOI 的混合/异构集成及其应用。

## 2.4.6　案例使用说明

### 1．教学目的与用途

通过本案例的学习，了解和掌握 LNOI 光子集成发展历程、LNOI 技术、PDK、制造工艺平台和关键工艺，了解和掌握如何通过混合/异构集成的方式解决光电子结构和功能集成，以及目前还存在哪些技术难题。同时了解和熟悉目前国内外 LNOI 光子集成流片工艺平台的相关信息，为以后从事这方面的研究和工作打下基础。

### 2．涉及知识点

光调制、晶圆键合、智能切片、LNOI、干法刻蚀、混合/异构集成、MtM。

### 3．配套教材

[1] 周治平. 硅基光电子学. 北京：北京大学出版社，2012
[2] Chrostowski L，Hochberg M. Silicon Photonics Design：Form Devices to Systems. Cambridge: Cambridge University Press，2015
[3] 赫罗斯托夫斯基 L，霍克伯格 M. 硅光子设计——从器件到系统. 郑煜，蒋连琼，郜飘飘，等译. 北京：科学出版社，2021

### 4．启发思考题

（1）将两块平整且洁净的玻璃片贴合在一起，然后垂直于玻璃片进行拉伸，能轻易地分开这两块玻璃片吗？为什么？
（2）什么是范德瓦耳斯力（van der Waals force）？
（3）不同材料的晶圆键合在一起，在温度变化的情况下会出现什么现象？为什么？

### 5．分析思路

首先从对范德瓦耳斯力的讨论开始，将两块平整且洁净的晶圆贴合在一起，初始黏合力就是由于范德瓦耳斯力所引起的。键合在一起的晶圆撤除温度以后，由于材料热膨胀系数的不匹配，热应力较大，会导致出现裂纹，严重的会导致碎片。进而介绍 LNOI 的成形成性技术。另一方面，LN 是光纤通信系统中制造光调制器的最好材料，LNOI 继承了 LN 的良好光电特性，但其制造存在一定的困难，那么国内外科研人员是如何解决的？然后根据硅光集成发展路线，对比介绍 LNOI 的发展、制造工艺平台、PDK、关键工艺和混合/异构集成技术。

### 6. 理论依据

见 2.4.2 节介绍。

### 7. 背景信息

见案例 2.4 引言和 2.4.1 节介绍。

### 8. 关键要点

（1）LNOI 制备技术，智能切片技术，热膨胀系数不匹配给 LNOI 晶圆的制造带来的影响。

（2）LNOI 光波导结构及其干法刻蚀制造方法。

（3）LNOI 混合/异构集成方法。

### 9. 课堂计划建议

| | | |
|---|---|---|
| 课堂时间 90 min | 0～10 min | 学生围绕"范德瓦耳斯力""热膨胀系数不匹配"自由讨论 |
| | 10～60 min | 简单介绍 LN 材料特性及其光调制器性能，然后介绍 LNOI 技术及其光子集成技术发展 |
| | 60～80 min | 介绍 LNOI 光波导结构及其制造方法、关键工艺以及 LNOI 混合/异构集成技术 |
| | 80～90 min | 对案例进行总结。布置设计作业：要求学生在一个星期内调研 LNOI 光波导结构有哪些，然后选择其中一种结构进行单模结构设计 |

# 参 考 文 献

[1] Boes A，Corcoran B，Chang L，et al. Status and potential of lithium niobate on insulator （LNOI）for photonic integrated circuits. Laser & Photonics Reviews，2018，12（4）：1700256

[2] Li L，Ma Y，Zhang Y，et al. Multi-tip edge coupler for integration of a distributed feedback

semiconductor laser with a thin-film lithium niobate modulator. Applied Optics, 2021, 60 (16): 4814-4819

[3] Poberaj G, Hu H, Sohler W, et al. Lithium niobate on insulator (LNOI) for micro-photonic devices. Laser & Photonics Reviews, 2012, 6 (4): 488-503

[4] Yuan S, Hu C, Pan A, et al. Photonic devices based on thin-film lithium niobate on insulator. Journal of Semiconductors, 2021, 42: 041304

[5] Sun D, Zhang Y, Wang D, et al. Microstructure and domain engineering of lithium niobate crystal films for integrated photonic applications. Light: Science & Applications, 2020, 9: 197

[6] He M, Xu M, Ren Y, et al. High-performance hybrid silicon and lithium niobate Mach–Zehnder modulators for 100 Gbit s$^{-1}$ and beyond. Nature Photonics, 2019, 13: 359-364

[7] Xu M, He M, Zhang H, et al. High-performance coherent optical modulators based on thin-film lithium niobate platform. Nature Communications, 2020, 11: 3911

[8] Gong Z, He B, Ji W, et al. LNOI waveguide grating based true time delay line for tunable bandpass microwave photonic filter. Optical and Quantum Electronics, 2020, 52: 427

[9] Zheng Y, Chen X. Nonlinear wave mixing in lithium niobate thin film. Advances in Physics: X, 2021, 6 (1): 1889402

[10] Lin J, Zhou J, Wu R, et al. High-precision propagation-loss measurement of single-mode optical waveguides on lithium niobate on Insulator. Micromachines, 2019, 10: 612

[11] 韩春林，钱广，胡国华. LNOI 光电子集成芯片技术. 光电子技术，2019，(3): 168-177

[12] 黄凯. 基于离子束剥离与转移技术的异质集成材料研究. 上海：中国科学院上海微系统与信息技术研究所，2018

[13] Chang L, Pfeiffer M, Volet N, et al. Heterogeneous integration of lithium niobate and silicon nitride waveguides for wafer-scale photonic integrated circuits on silicon. Optics Letters, 2017, 42 (4): 803-806

[14] Wang C, Zhang M, Chen X, et al. Integrated lithium niobate electro-optic modulators operating at CMOS-compatible voltages. Nature, 2018, 562: 101-104

[15] Ahmed A, Mercante A, Shi S, et al. Vertical mode transition in hybrid lithium niobate and silicon nitride-based photonic integrated circuit structures. Optics Letters, 2018, 43 (17): 4140-4143

[16] He L, Zhagn M, Shams-Ansari A, et al. Low-loss fiber-to-chip interface for lithium niobate photonic integrated circuits. Optics Letters, 2019, 44 (9): 2314-2317

[17] Luke K, Kharel P, Reimer C, et al. Wafer-scale low-loss lithium niobate photonic integrated circuits. Optics Express, 2020, 28 (17): 24452-24458

[18] Chen L, Xu Q, Wood M, et al. Hybrid silicon and lithium niobate electro-optical ring modulator. Optica, 2014, 1 (2): 112-118

[19] Weigel P, Zhao J, Fang K, et al. Bonded thin film lithium niobate modulator on a silicon photonics platform exceeding 100 GHz 3-dB electrical modulation bandwidth. Optics Express,

2018, 26（18）: 23728-23739

[20] Weigel P, Savanier M, DeRose C, et al. Lightwave circuits in lithium niobate through hybrid waveguides with silicon photonics. Scientific Reports, 2016, 6: 22301

[21] Weigel P, Mookherjea. Reducing the thermal stress in a heterogeneous material stack for large-area hybrid optical silicon-lithium niobate waveguide micro-chips. Optical Materials, 2017, 66: 605-610

[22] Witmer J, Valery J, Arrangoiz-Arriola P, et al. High-Q photonic resonators and electro-optic coupling using silicon-on-lithium-niobate. Scientific Reports, 2017, 7: 46313

[23] Ren Z, Heard P, Marshall J, et al. Etching characteristics of LiNbO$_3$ in reactive ion etching and inductively coupled plasma. Journal of Applied Physics, 2008, 103: 034109

# 第3篇

# 光电子器件封装、测试与可靠性

光通信产业链整体可分为"光芯片、电芯片、光组件、光器件、光模块、光通信设备和应用"这七大部分，如图 3.0.1 所示，除应用于光通信设备之外，其余各部分和各部分之间均通过封装或组装构成递进，如平面光波导分路器芯片与阵列光纤耦合封装之后，再与陶瓷插芯等散件进行组装，进而构成平面光波导分路器；再如激光器芯片与基座进行贴片，再与透镜进行耦合封装，再与陶瓷插芯等散件进行组装，进而构成光发射器件。光电子器件封装完成之后需要对其光学性能进行测试，以检验其是否达到设计、封装和客户要求，还需进行必要的可靠性测试，通过之后，才可以有序递进。

光电子器件的封装，对于无源器件而言，主要是无源光芯片与光纤的对准耦合，至少需要 5 轴精密运动平台，如果是多通道的无源光芯片，则需要 6 轴精密运动平台，重复定位精度优于 0.3 μm；对于有源器件而言，其封装则相对较复杂，以 TO（同轴型）激光器封装为例说明，首先需要将激光器芯片通过共晶键合的方式贴合在 TO 组件的氮化铝 AlN 等陶瓷基座上，然后通过引线键合的方式将激光器芯片上的电极与 TO 组件的电极进行互连，接着通过透镜与光纤组件进行对准耦合，需要 5 轴精密运动平台，重复定位精度优于 0.3 μm。

光电子器件的测试，是指通过标准计量仪器对光电子器件的光学性能进行测试，包括插入损耗、偏振相关损耗、回波损耗、波长相关损耗、相邻/非通道串扰、$I$-$V$ 曲线、光谱特性、带宽、输出光功率等。

光电子器件的可靠性，是指对光电子器件按照一定的标准进行物理特性、机械完整性和加速老化等测试以评价器件的可靠性。物理特性测试包括内部水汽、密封性、静电释放（Electro-Static discharge，ESD）阈值、可燃性、剪切力、可焊性、键

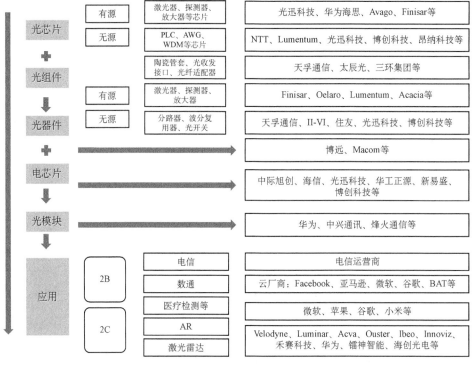

图 3.0.1 光通信产业链

合强度等；机械完整性测试包括机械冲击、变频冲击、热冲击、插拔耐久性、高低温存储、温度循环、恒定湿热、高温寿命等；加速老化包括高温加速老化、恒温试验、变温试验、温度循环、上电等。

本篇案例通过五个案例来介绍光电子器件的封装、测试和可靠性测试相关知识，包括有源和无源光电子器件耦合封装原理、测试系统构建、可靠性测试原理和方法，让学生了解和掌握典型光电子器件的封装、测试，以及可靠性设计原则、流程和方法。

编者所在团队在有源和无源光电子器件耦合封装原理、测试系统构建，以及无源光电子器件可靠性测试原理和方法方面颇有心得，而在有源光电子器件可靠性测试原理和方法方面暂未涉足，为使得本篇内容更加完整，优选 1 篇博士论文加以补充，详见案例说明。

## 案例 3.1 光波导芯片与光纤端面耦合封装

光波导芯片与光纤的对准耦合是其应用的前提，以实现不同组件光通道间最大的光功率耦合，保证光波信号高质量传输。光波导芯片和光纤光通道的截面形状是制约高精度对准的一个因素，光纤纤芯截面为圆形，其典型纤芯直径和模场直径大小分别为 8.2 μm 和（9.2±0.4）μm@1310 nm；而光波导芯片光通道截面为矩形或脊形，其模场形状不规则，与光纤模场不匹配。因此，要保证组件间各光通道的光功率以最大效率进行对准与耦合，光波导芯片与输入/输出光纤之间的位置精度要求达到亚微米级。

本案例首先分析讨论光波导芯片与阵列光纤对准耦合的误差源，指出其关键的影响因素。然后以平面光波导光分路器芯片与光纤对准耦合为例，基于波导光学理论建立波导芯片与光纤对准耦合模型，分析讨论模场空间分布对耦合损耗的影响规律，并通过实验对光波导芯片与光纤的对准耦合与光波传输特性进行验证。

### 3.1.1　光波导端面对准耦合源分析

光波导芯片与光纤的对准耦合要求两者以模场空间匹配的方式进行对准，但通常由于各种误差而导致模场空间分布失配。基模在芯区轴心线处光强最大，并随着偏离轴心线的距离增大而逐渐减弱。引起模场空间分布失配的原因主要是模场失配以及存在几何对准误差。

模场失配是指光波导芯片光通道的模场分布与光纤的模场分布不完全一致。光波导芯片光通道截面为矩形，其模场分布在截面上的投影近似为椭圆形；而光纤纤芯截面为圆形，其模场分布为圆形，如图 3.1.1 所示。另外由于制造工艺的限制，光波导芯片光通道与光纤纤芯截面存在形状误差以及折射率分布差异，加剧了两者模场分布失配。

几何对准误差是指波导芯片光通道与光纤纤芯相对位置发生了变化。根据两者之间的相对位置，可分为横向偏移、角度偏移以及纵向间距，如图 3.1.2 所示。横向偏移与对准平台的运动精度、光波导芯片光通道间距和高度误差以及光纤芯距和高度误差有关。角度偏移与对准平台的误差有关。纵向间距与黏结剂的黏接特性相关，由于光波导芯片与光纤采用黏结剂黏接的方式实现光互连，因此两者之间必须留有一定的间距，在实现低损耗传输的同时以保证足够的黏接强度。对准平台的误差包括静止误差与运动误差，静止误差如各运动平台之间的正交性；运动误差如各轴向定位误差、俯仰、横摆等。光波导芯片光通道间距和高度误差是由芯片制造工艺引起的，光纤芯距和高度误差是由 V 形槽加工精度以及光纤芯包层同轴度误差等引起的。

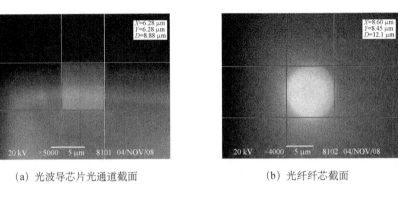

(a) 光波导芯片光通道截面 （b) 光纤纤芯截面

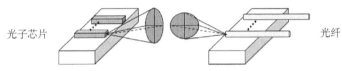

光子芯片 光纤

(c) 光波导芯片与光纤对准耦合模场示意图

图 3.1.1　光波导芯片/光纤光通道截面及其对准耦合模场分布示意图

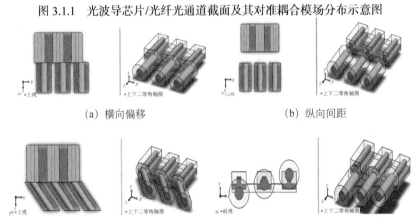

(a) 横向偏移 （b) 纵向间距

(c) 角度偏移

图 3.1.2　光波导芯片与光纤相对位置

　　光纤组件的制造以及光波导芯片与光纤的互连是通过黏结剂实现的，使用的黏结剂通常为环氧型或丙烯酸酯型紫外光固化的树脂，紫外光照射之后，引起分子间的聚合反应，分子间的距离减小，引起固化收缩，形成应力和微位移。另一方面，黏结剂固化之后的热膨胀系数与光纤以及光波导芯片材料的热膨胀系数不匹配，环境温度的变化，将会导致热应力与微位移。对于阵列光纤而言，微位移将会影响光纤在 V 形槽中的位置，引起芯距和高度误差；应力会导致光纤在 V 形槽中受到力的作用，进而影响光纤模场分布；对于光波导芯片与光纤互连而言，微位移将会影响两者对准耦合的精度，应力会引起光波传输发生畸变。

光波导芯片与阵列光纤的对准耦合误差成因很多，既有原材料自身的原因，如光纤芯包层同轴度误差、黏结剂固化收缩等；也有外部影响因素，如对准运动平台定位误差、环境温度变化等。它们之间由于制造的关系而相互关联，如图 3.1.3 所示，关联的强弱是研发装备、开发工艺以及选择原材料的考量依据。

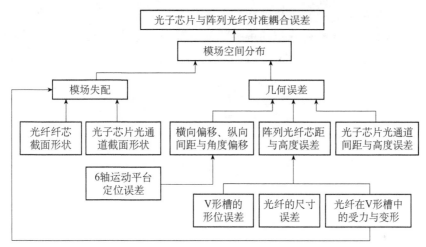

图 3.1.3　光波导芯片与光纤对准耦合误差源

## 3.1.2　端面耦合模型与理论

### 1. 耦合模型

光波导芯片与单根光纤对准时，共有 5 个自由度，分别是横向偏移 $\delta_x$ 和 $\delta_y$、纵向间距 $d$、角度偏差 $\alpha$ 和 $\beta$；若是波导芯片与阵列光纤对准时，则有 6 个自由度，增加了绕 $z$ 轴的 $\gamma$，如图 3.1.4 所示。横向、纵向以及角度任一方向发生改变，都会影响最终的耦合效率。

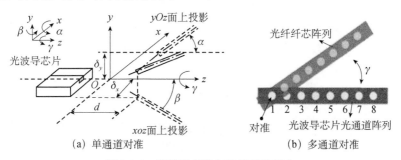

(a) 单通道对准　　　　　　(b) 多通道对准

图 3.1.4　光波导芯片与光纤对准耦合

一般而言，光波导芯片的输出通道数目不少于 2 个，输入输出各通道与光纤的对准耦合方式及在耦合界面处光波的传输特性相当，故可选取 1 个光通道来分析两者之间的耦合特性。

### 2. 耦合理论

光波导芯片与光纤的对准耦合，在不考虑端面反射的条件下，取决于光波导芯片光通道与光纤模场分布的重叠部分的积分。设光波导芯片光通道的模场分布为 $\psi_\mathrm{w}$，光纤的模场分布为 $\psi_\mathrm{f}$，则光波导芯片与光纤之间的耦合效率为

$$\eta = \frac{\left|\int_A \psi_\mathrm{f}\psi_\mathrm{w}^* \mathrm{d}A\right|^2}{\left[\int_A \psi_\mathrm{f}\psi_\mathrm{f}^* \mathrm{d}A\right]\left[\int_A \psi_\mathrm{w}\psi_\mathrm{w}^* \mathrm{d}A\right]} \tag{3.1.1}$$

式中，$A$ 为光波导芯片光通道与光纤模场间的重叠面积，如图 3.1.5 所示。

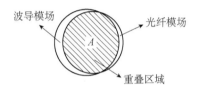

图 3.1.5　光波导芯片与光纤模场重叠积分示意图

一般将耦合效率写为 $-10\lg(\eta)$，用 dB 表示，称其为耦合损耗。

### 3.1.3　对准耦合规律

### 1. 模场失配

模场失配是指光波导芯片光通道的模场分布与光纤的模场分布不重合，即使没有对准误差，即横向偏移、纵向间距和角度偏差，也会影响两者之间的耦合效率，它们是光波导器件对准耦合的固有损耗。

光波导中基模的场分布一般可用高斯函数近似，高斯光束近似引入的误差不大于 1%。对于单模光纤有

$$\psi_\mathrm{f}(x,y,z) = \frac{\sqrt{2/\pi}}{\omega_\mathrm{f}(z)}\exp\left\{-\frac{x^2+y^2}{[\omega_\mathrm{f}(z)]^2}\right\} \tag{3.1.2}$$

$$\omega_\mathrm{f}(z) = W_\mathrm{f}\sqrt{1+\left(\frac{\lambda z}{\pi W_\mathrm{f}^2}\right)^2} \tag{3.1.3}$$

式中，$\psi_f(x,y,z)$ 为光纤的模场分布，$W_f$ 为模场半径，$\lambda$ 为光波波长，$z$ 为光波传输距离，如图 3.1.6（a）所示。对于矩形截面的光波导芯片有

$$\psi_w(x,y,z) = \frac{\sqrt{2/\pi}}{\omega_{wa}(z)\omega_{wb}(z)} \exp\left\{ -\frac{x^2}{[\omega_{wa}(z)]^2} - \frac{y^2}{[\omega_{wb}(z)]^2} \right\} \qquad (3.1.4)$$

$$\omega_{wa}(z) = W_{wa}\sqrt{1 + \left(\frac{\lambda z}{\pi W_{wa}^2}\right)^2} \qquad (3.1.5)$$

$$\omega_{wb}(z) = W_{wb}\sqrt{1 + \left(\frac{\lambda z}{\pi W_{wb}^2}\right)^2} \qquad (3.1.6)$$

式中，$\psi_w(x,y,z)$ 为光波导芯片光通道的模场分布，$W_{wa}$ 和 $W_{wb}$ 分别为沿椭圆长、短轴的模场半径，如图 3.1.6（b）所示。

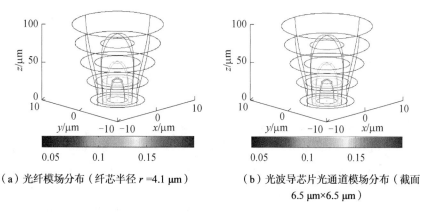

（a）光纤模场分布（纤芯半径 $r$ =4.1 μm） （b）光波导芯片光通道模场分布（截面 6.5 μm×6.5 μm）

图 3.1.6 光纤与光波导芯片光通道模场分布（彩图请扫封底二维码）

将式（3.1.2）～式（3.1.6）代入式（3.1.1），由于存在二元项，直接积分非常复杂，可对 $x$ 方向和 $y$ 方向分别求解，然后相乘，即

$$\eta_{MFD} \approx \eta_x^{(MFD)} \eta_y^{(MFD)} \qquad (3.1.7)$$

式中

$$\eta_x^{(MFD)} = \frac{2}{\sqrt{\left(\dfrac{W_{wa}}{W_f} + \dfrac{W_f}{W_{wa}}\right)^2 + \dfrac{\lambda^2 d^2}{\pi^2 W_{wa}^2 W_f^2}}} \qquad (3.1.8)$$

$$\eta_y^{(MFD)} = \frac{2}{\sqrt{\left(\dfrac{W_{wb}}{W_f} + \dfrac{W_f}{W_{wb}}\right)^2 + \dfrac{\lambda^2 d^2}{\pi^2 W_{wb}^2 W_f^2}}} \qquad (3.1.9)$$

从而可得到光波导芯片与光纤之间无横向位错与角度偏差，$d$ 为光波导芯片与光纤在传播方向上的间距，模场失配与两者耦合效率的关系为

$$\eta_{\mathrm{MFD}} \approx \frac{4}{\sqrt{\left(\dfrac{W_{\mathrm{wa}}}{W_{\mathrm{f}}} + \dfrac{W_{\mathrm{f}}}{W_{\mathrm{wa}}}\right)^2 + \dfrac{\lambda^2 d^2}{\pi^2 W_{\mathrm{wa}}^2 W_{\mathrm{f}}^2}}\sqrt{\left(\dfrac{W_{\mathrm{wb}}}{W_{\mathrm{f}}} + \dfrac{W_{\mathrm{f}}}{W_{\mathrm{wb}}}\right)^2 + \dfrac{\lambda^2 d^2}{\pi^2 W_{\mathrm{wb}}^2 W_{\mathrm{f}}^2}}} \qquad (3.1.10)$$

从而由于模场失配引起的耦合损耗为 $-10\lg(\eta_{\mathrm{MFD}})$。令 $e_1 = 2W_{\mathrm{wa}}/(2W_{\mathrm{f}})$，光波导芯片光通道截面高宽比为 $e_2$，根据模场直径的定义，可认为

$$\frac{2W_{\mathrm{wb}}}{2W_{\mathrm{wa}}} \approx e_2 \qquad (3.1.11)$$

当光波导芯片光通道与光纤的光轴重合，即无横向偏移与角度偏差，模场直径不同时，其对准耦合损耗如图 3.1.7 所示。如图 3.1.7（a）所示，当间距 $d=0$，光通道截面高宽比 $e_2=1$，且光纤模场直径与光通道的模场直径比 $e_1=1$ 时，可达到最大耦合效率，也即光功率损耗最小；随着光通道截面高宽比的增大或减小，其模场在截面上的投影椭圆度增加，耦合效率随之降低；在光纤模场直径与光通道模场直径比 $e_1=1$ 一定的情况下，合理的光通道截面高宽比 $e_2$，也可获得较好的耦合效率，当 $e_1=1.2$ 时，在 $e_2=0.833$ 时，可获得 0.072 dB 的光功率损耗；以 0.15dB 的光功率损耗考量耦合效率，可知当 $d=0$、$e_1=1$ 时，$0.872<e_2<1.174$，也就是光波导芯片光通道截面高和宽两者相差不能大于 12.8%。图 3.1.7（b）表示在 $e_2=1$，不同间距下，模场失配导致的损耗，当 $e_1$ 一定时，随着间距 $d$ 的增加，耦合效率减小；如果以 0.15 dB 的光功率损耗考量耦合效率的影响可知，当 $e_2=1$、$d=0$ 时，$0.83<e_1<1.2$，也就是光纤模场直径与光通道模场直径两者相差不能大于 16.7%。

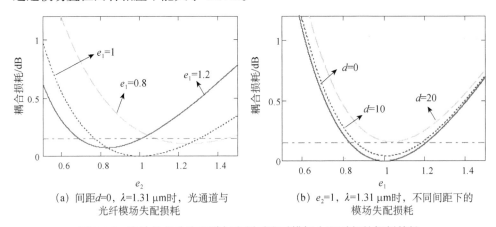

（a）间距 $d=0$，$\lambda=1.31\,\mu m$ 时，光通道与光纤模场失配损耗　　　（b）$e_2=1$，$\lambda=1.31\,\mu m$ 时，不同间距下的模场失配损耗

图 3.1.7　光波导芯片光通道与光纤对准时模场失配引起的损耗特性

光纤模场直径与光通道模场直径两者相差较大,如阵列波导光栅（AWG）,其光通道截面典型尺寸为 4.5 μm×4.5 μm, 直接对准耦合, 光功率损耗大, 通常采用模斑适配器或透镜光纤来改善模场分布, 进而提高两者的耦合效率。

## 2. 对准误差

几何对准误差是指光波导芯片光通道与光纤纤芯相对位置发生了变化, 由对准平台的静止与运动误差所决定, 主要有横向偏移 $\delta_x$ 和 $\delta_y$、角度偏移 $\alpha$ 和 $\beta$、纵向间距 $d$, 如图 3.1.4 所示, 仍以高斯函数来近似光纤和光波导芯片光通道的模场分布。令光波导芯片固定, 作为出射波导, 光纤为受光侧波导, 如图 3.1.8 所示建立坐标系。在对准耦合面 $z = d$ 处, 出射高斯光束 $\psi_w(x, y, z)$ 和受光侧高斯光束 $\psi_f(x', y', z')$ 可表示为

$$\psi_w(x, y, z) = \frac{\sqrt{2/\pi}}{\omega_{wa}(z)\omega_{wb}(z)} \exp\left\{ -\frac{x^2}{[\omega_{wa}(z)]^2} - \frac{y^2}{[\omega_{wb}(z)]^2} \right\} \quad (3.1.12)$$

$$\omega_{wa}(z) = W_{wa}\sqrt{1 + \left(\frac{\lambda z}{\pi W_{wa}^2}\right)^2} \quad (3.1.13)$$

$$\omega_{wb}(z) = W_{wb}\sqrt{1 + \left(\frac{\lambda z}{\pi W_{wb}^2}\right)^2} \quad (3.1.14)$$

$$\psi_f(x', y', z') = \frac{\sqrt{2/\pi}}{\omega_f(z')} \exp\left\{ -\frac{(x'_x)^2 + (y'_y)^2}{[\omega_f(z')]^2} - jkz' \right\} \quad (3.1.15)$$

$$\omega_f(z') = W_f\sqrt{1 + \left(\frac{\lambda z'}{\pi W_f^2}\right)^2} \quad (3.1.16)$$

式中, 坐标 $(x', y', z')$ 与坐标 $(x, y, z)$ 的关系可表示为

$$\begin{bmatrix} x' \\ y' \\ z' \end{bmatrix} = \begin{bmatrix} \cos\beta & 0 & -\sin\beta \\ \sin\alpha\sin\beta & \cos\alpha & \sin\alpha\cos\beta \\ \cos\alpha\sin\beta & -\sin\alpha & \cos\alpha\cos\beta \end{bmatrix}^{-1} \begin{bmatrix} x - \delta_x \\ y - \delta_y \\ z - d \end{bmatrix} \quad (3.1.17)$$

光波导芯片光通道与光纤对准耦合的角度偏移 $\alpha$ 和 $\beta$ 比较小, 其正弦可用弧度值近似处理, 3° 以内相对误差小于 0.05%, 于是有

$$\begin{bmatrix} x' \\ y' \\ z' \end{bmatrix} = \begin{bmatrix} 1 & 0 & -\beta \\ \alpha \cdot \beta & 1 & \alpha \\ \beta & -\alpha & 1 \end{bmatrix}^{-1} \begin{bmatrix} x - \delta_x \\ y - \delta_y \\ z - d \end{bmatrix} \quad (3.1.18)$$

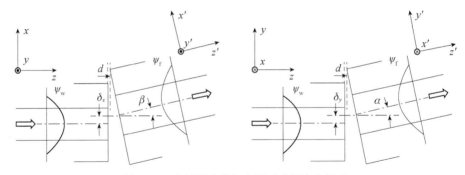

图 3.1.8　光波导芯片与光纤对准耦合坐标系

将式（3.1.12）～式（3.1.18）代入式（3.1.1），由于存在二元项，直接积分非常复杂，可对 $x$ 方向和 $y$ 方向分别求解，然后相乘，即

$$\eta^{(\text{error})} \approx \eta_x^{(\text{error})} \eta_y^{(\text{error})} \qquad (3.1.19)$$

式中

$$\eta_x^{(\text{error})} = k_x \exp\left\{-k_x\left[\frac{\delta_x^2}{2}\left(\frac{1}{W_{\text{wa}}^2}+\frac{1}{W_{\text{f}}^2}\right)+\frac{\pi^2\beta^2[\omega_{\text{xa}}^2(d)+W_{\text{f}}^2]}{2\lambda^2}-\frac{\delta_x\cdot\beta\cdot d}{W_{\text{wa}}^2}\right]\right\} \qquad (3.1.20)$$

$$k_x = \frac{4W_{\text{wa}}^2 W_{\text{f}}^2}{(W_{\text{wa}}^2+W_{\text{f}}^2)^2+\lambda^2 d^2/\pi^2} \qquad (3.1.21)$$

$$\omega_{\text{wa}}^2(d) = W_{\text{wa}}^2\left[1+\left(\frac{\lambda d}{\pi W_{\text{wa}}^2}\right)^2\right] \qquad (3.1.22)$$

$$\eta_y^{(\text{error})} = k_y \exp\left\{-k_y\left[\frac{\delta_y^2}{2}\left(\frac{1}{W_{\text{wb}}^2}+\frac{1}{W_{\text{f}}^2}\right)+\frac{\pi^2\alpha^2[\omega_{\text{wb}}^2(d)+W_{\text{f}}^2]}{2\lambda^2}-\frac{\delta_y\cdot\alpha\cdot d}{W_{\text{wb}}^2}\right]\right\} \qquad (3.1.23)$$

$$k_y = \frac{4W_{\text{wb}}^2 W_{\text{f}}^2}{(W_{\text{wb}}^2+W_{\text{f}}^2)^2+\lambda^2 d^2/\pi^2} \qquad (3.1.24)$$

$$\omega_{\text{wb}}^2(d) = W_{\text{wb}}^2\left[1+\left(\frac{\lambda d}{\pi W_{\text{wb}}^2}\right)^2\right] \qquad (3.1.25)$$

式中，$\lambda$ 为光波的波长。从而由于几何误差引起的耦合损耗为 $-10\lg(\eta_x^{(\text{error})}\eta_y^{(\text{error})})$。由式（3.1.19）可知，当纵向间距 $d\neq0$ 时，角度和横向对准误差引起的附加损耗互相关联，存在交叉耦合。若 $d=0$，光波导芯片与光纤间不存在纵向间距，此时横向偏移和角度偏移引起的耦合损耗是相互独立的，但这种情况实际上是不可能存在的。

　　图 3.1.9 和图 3.1.10 为光波导芯片与光纤对准耦合的损耗特性。当 $e_2=1$，即光波导芯片光通道截面高宽相等时，根据光波导芯片与光纤结构的对称性可知，横向偏移 $\delta_x$ 和 $\delta_y$ 引起的耦合损耗是一样的，角度偏移 $\alpha$ 和 $\beta$ 引起的耦合损耗是一样的。据图 3.1.9（a）和（b）可知，耦合损耗对横向偏移相当敏感，以

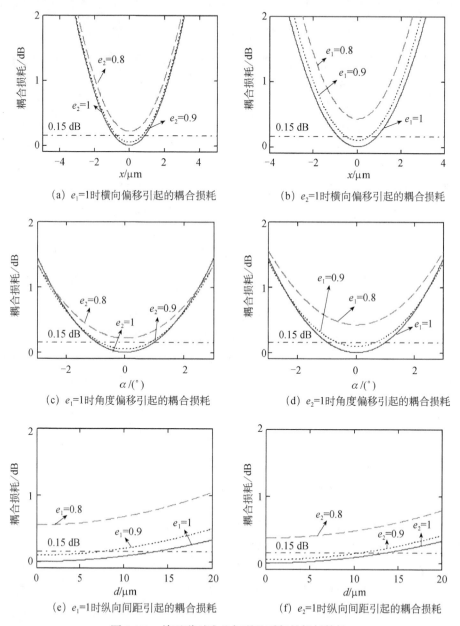

(a) $e_1=1$时横向偏移引起的耦合损耗　　　　(b) $e_2=1$时横向偏移引起的耦合损耗

(c) $e_1=1$时角度偏移引起的耦合损耗　　　　(d) $e_2=1$时角度偏移引起的耦合损耗

(e) $e_1=1$时纵向间距引起的耦合损耗　　　　(f) $e_2=1$时纵向间距引起的耦合损耗

图 3.1.9　单通道对准几何误差引起的损耗特性

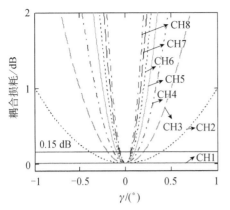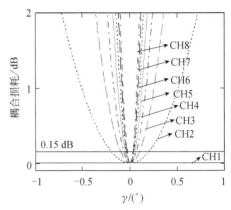

（a）芯距为127 μm时各通道由γ引起的耦合损耗　　（b）芯距为250 μm时各通道由γ引起的耦合损耗

图 3.1.10　多通道对准由 γ 引起的损耗特性

0.15 dB 的光功率损耗考量，当 $e_1=1$ 和 $e_2=1$，即光纤模场直径与光通道的模场直径相等以及光波导芯片光通道截面高宽相等时，横向对准误差应该控制在 0.90 μm 以内。当 $e_1=1$ 时，随着 $e_2$ 的减小，允许的横向偏移随之减小，主要是由于模场失配引起的综合误差，如图 3.1.9（a）所示；当 $e_2=1$ 时，随着 $e_1$ 的减小，允许的横向偏移也随之减小，减小的幅度较快，如图 3.1.9（b）所示。

如果以 0.15 dB 的光功率损耗考量角度偏移对耦合效率的影响，由图 3.1.9（c）、（d）可知，当 $e_1=1$ 和 $e_2=1$ 时，角度偏移应控制在 0.99° 以内。当 $e_2=0.9$ 时，允许的角度偏移小于 0.828°，如图 3.1.9（c）所示；当 $e_2=1$ 时，随着 $e_1$ 的减小，允许的角度偏移大幅减小，如图 3.1.9（d）所示。

如果以 0.15dB 的光功率损耗考量纵向间距对耦合效率的影响，由图 3.19（e）、（f）可知，当 $e_1=1$ 和 $e_2=1$ 时，纵向间距应控制在 13.32 μm 以内。当 $e_2=0.9$ 时，允许的纵向间距小于 10.82 μm，如图 3.1.9（e）所示；当 $e_1=0.9$ 和 $e_2=1$ 时，允许的纵向间距小于 7.18 μm，如图 3.1.9（f）所示。

波导芯片与光纤对准耦合实际上有 6 项误差，除横向偏移 $\delta_x$ 和 $\delta_y$、角度偏移 $\alpha$ 和 $\beta$、纵向间距 $d$ 以外，还有绕纵轴的 $\gamma$。在实际对准过程中，通常是监测首尾两个通道的光功率，先完成首通道的对准，然后绕纵轴旋转，同时调整横向，直到首尾两通道光功率达到最大，且光功率偏差最小。绕纵轴旋转的误差 $\gamma$ 只会导致横向偏移，如图 3.1.4（b）所示。以 1×8 的光分路器来说明，该器件芯距有两种规格，127 μm 和 250 μm。图 3.1.10 表示的是当 $e_1=1$ 和 $e_2=1$ 时，随着 $\gamma$ 的变化，各通道的光功率耦合特性。如果以首通道 CH1 为基准，随着 $\gamma$ 的增加，CH2~CH8 通道光功率耦合损耗急剧增加；芯距越大，光功率耦合损耗增加越快。如果以 0.15 dB 的光功率损耗考量末通道 CH8，可知当芯距为 127 μm 时，允许的 $\gamma$ 误差小于 0.056°；当芯距为 250 μm 时，允许的 $\gamma$ 误差小于 0.028°。

### 3.1.4　耦合实验

#### 1. 端面光场分布

对于给定的光波导芯片与光纤，其端面光场分布是确定的，据此可研判两者是否匹配。采用日本 SURUGA 公司的 ES6200 系列 6 轴电动平台作为测试平台，该 6 轴平台（$x$、$y$、$z$ 和 $\gamma$ 轴为电动，$\alpha$ 和 $\beta$ 轴为手动）的线重复定位精度为 0.14 μm，角重复定位精度为 0.001°；激光光源选用 AI 公司的 1310 nm 和 1550 nm 的双波长激光光源；光功率计选用美国 Newport 公司的 2835-C 双通道光功率计。实验使用的波导芯片为韩国 Fi-Ra 公司的 1×8 平面光波导分路器芯片（光通道截面 6.25 μm×6.25 μm），阵列光纤的光纤型号为 SMF-28（纤芯直径 8.2 μm，模场直径（10.4±0.8）μm@1550 nm）。测试实验示意图如图 3.1.11 所示。

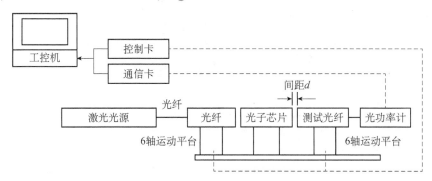

图 3.1.11　波导组件端面光场分布测试实验示意图

光波导芯片各光通道的光波传输性能相当，因此测试一个通道的端面光场分布即可；对阵列光纤而言，亦是如此。测试波导芯片时，需要将光纤与波导芯片的输入通道对准耦合好之后才能进行输出通道的测试。设定阵列光纤和测试光纤、光波导芯片和测试光纤的间距相同，均为 10 μm，扫描范围 $x×y$=30 μm×30 μm，扫描步长 0.5 μm。结果如图 3.1.12 和图 3.1.13 所示。

图 3.1.12 为阵列光纤某通道与光波导芯片某通道的光场 3D 分布，光纤端面光场分布在 $xy$ 面上的投影近似为圆形，与理论吻合；而光波导芯片光通道的投影近似为椭圆形，且长轴沿 $y$ 向，这是制造工艺导致的截面尺寸差异，从而导致其光场在 $xy$ 面的投影呈椭圆形。

图 3.1.13 为阵列光纤某通道与光波导芯片某通道沿 $x$ 方向和 $y$ 方向的分布，对比光功率下降 50% 处可知，$x$ 方向光纤与光波导芯片的光通道端面等距离

处光场直径基本重合，如图 3.1.13（a）所示；而在 $y$ 方向，光波导芯片的光通道端面等距离处光场直径大于光纤的 12%，如图 3.1.13（b）所示，两者基本匹配，故而可实现单通道低于 0.15 dB 的对准耦合。

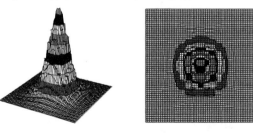

（a）间距$d$=10 μm时阵列光纤端面光场分布

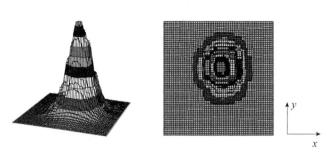

（b）间距$d$=10 μm时光波导芯片光通道端面光场分布

图 3.1.12　阵列光纤与光波导芯片端面光场分布

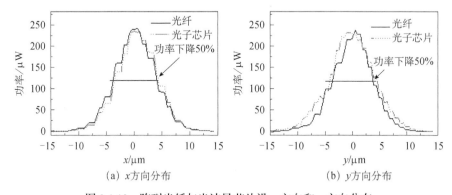

（a）$x$方向分布　　　　　　　　（b）$y$方向分布

图 3.1.13　阵列光纤与光波导芯片沿 $x$ 方向和 $y$ 方向分布

## 2. 对准耦合试验

基于图 3.1.11 构建阵列光纤与光波导芯片对准耦合实验系统，以探明几何误差对耦合效率的影响规律。设定输入阵列光纤与光波导芯片距离为 5 μm，光波导芯片与测试光纤距离也为 5 μm，结果如图 3.1.14 所示。

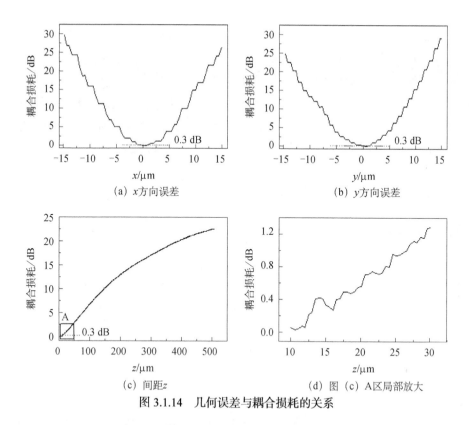

(a) x方向误差

(b) y方向误差

(c) 间距z

(d) 图 (c) A区局部放大

图 3.1.14　几何误差与耦合损耗的关系

图 3.1.14 为横向和纵向几何误差与耦合损耗的关系，对比 3.1.3 节的分析可知，实验结果与理论上的规律基本一致，且耦合损耗对横向误差相当敏感，而纵向间距的影响则要小得多。因此，在对准路径规划与对准平台构建的时候，优先考虑横向对准，纵向对准次之。

纵向间距与耦合损耗理论曲线是下凸，而实验结果为上凸，主要原因是理论分析的时候没有考虑耦合界面的光波反射，而实验过程中，光波导芯片与光纤之间存在空气间隙，会产生菲涅耳反射，对图 3.1.14（c）的 A 区进行局部放大，如图 3.1.14（d）所示，发现耦合损耗在上升的同时，呈现余弦变化规律。

根据 3.1.3 节的理论结果和图 3.1.14 给出的实验结果，可大致确定光波导芯片与光纤对准时的搜索范围。横向对准时，搜索范围在 $\pm10\ \mu\mathrm{m}$ 之内，纵向对准搜索范围可到 $50\ \mu\mathrm{m}$。

### 3.1.5　案例小结

光波导芯片与光纤对准耦合是其应用的前提，而且还是其封装制造的难题之一。该难题自以集成光学技术为基础的光波导芯片的出现就一直存在，成为光波导芯片设计与器件之间的鸿沟，难以跨越。本案例以平面光波导光分路器芯片与光纤对准耦合为例，分析讨论了光波导芯片与阵列光纤对准耦合的误差源，基于波导光学理论建立了波导芯片与光纤对准耦合模型，分析讨论了模场空间分布对耦合损耗的影响规律，并通过实验对光波导芯片与光纤的对准耦合与光波传输特性进行了验证。

### 3.1.6　案例使用说明

#### 1.　教学目的与用途

通过本案例的学习，了解和掌握光波导芯片与光纤耦合原理、耦合模型及其误差成因，了解和掌握光波导芯片与光纤模场分布、几何误差对耦合损耗的影响机制和规律，了解和掌握光波导芯片与光纤对准耦合实验方法，为日后从事光波导芯片的设计与耦合封装等方面的科学研究或工作提供理论和技术支撑。

#### 2.　涉及知识点

平面光波导、光波导分路器、对准耦合、菲涅耳反射、基模、模场分布、耦合模型、几何对准误差。

#### 3.　配套教材

[1] 郑煜. 阵列波导器件耦合封装机理及其关键技术研究. 长沙：中南大学，2012

[2] Chrostowski L，Hochberg M. Silicon Photonics Design：Form Devices to Systems. Cambridge：Cambridge University Press，2015

[3] 赫罗斯托夫斯基 L，霍克伯格 M. 硅光子设计——从器件到系统. 郑煜，蒋连琼，邬飘飘，等译. 北京：科学出版社，2021

#### 4.　启发思考题

（1）电芯片与外界是如何互连的？定位精度要求如何？

（2）光波导芯片与光纤的光互连和电互连是一样的，还是不一样的？有何特点？

（3）什么是重叠积分？有何应用？

（4）光在微米量级间隙的两异质异构光学零件之间是如何传输的？间隙之间若有透明填充物，如折射率匹配的黏结剂等，其传输特性又会发生怎样的变化？

（5）折射率相差较大的两光学零件对准耦合，耦合界面会有什么样的现象？如何避免？

### 5. 分析思路

首先，从集成电路中的电互连形式和方式开始进行自由讨论。然后总结电互连的特点，特别是对装备定位精度和重复定位精度的要求。接着引出光互连，从电互连和光互连的形式、方式、对装备的定位精度与重复定位精度等出发，介绍光波导芯片与光纤光互连原理、模型，以及其对光传输性能的影响机制和规律。最后给出光波导芯片与光纤光互连实验方案与验证结果。

### 6. 理论依据

见 3.1.2 节介绍。

### 7. 背景信息

见案例 3.1 引言和 3.1.1 节介绍。

### 8. 关键要点

（1）光波导芯片与光纤互连机制与规律。
（2）光波导芯片与光纤模场定义与重叠积分应用。
（3）光波导芯片与光纤对准耦合对装备的精度要求。

### 9. 课堂计划建议

| 课堂时间 90min | 0～10min | 学生围绕"电互连"自由讨论 |
| --- | --- | --- |
| | 10～60min | 总结电互连的特点，特别是对装备定位精度和重复定位精度的要求，然后引出光互连，介绍光波导芯片与光纤光互连原理、模型，以及其对光传输性能的影响机制和规律 |
| | 60～80min | 总结光互连的形式、方式，以及对装备的定位精度与重复定位精度要求 |
| | 80～90min | 给出光波导芯片与光纤光互连实验方案与验证结果 |

# 参 考 文 献

[1] Thylén L, He S L, Wosinski L, et al. The moore's law for photonic integrated circuits. Journal of Zhejiang University Science A, 2006, 7（12）: 1961-1967

[2] Pan Z Q, Yu C Y, Willner A E. Optical performance monitoring for the next generation optical communication networks. Optical Fiber Technology, 2010, 16（1）: 20-45

[3] Masao K. Silica waveguides on silicon and their application to integrated-optic components. Optical and Quantum Electronics, 1990, 22（5）: 391-416

[4] Masahiko J, Hideaki K, Yoshinori H, et al. Towards ultrahigh-speed high-capacity networks. NTT Technical Review, 2009, 7（5）: 1-8

[5] Ojha S M, Cureton C, Bricheno T, et al. Simple method of fabricating polarisation-insensitive and very low crosstalk AWG grating devices. Electronics Letters, 1998, 34（1）: 78-79

[6] Inoue Y, Ishii M, Hida Y, et al. PLC components used in FTTH access networks. NTT Technical Review, 2005, 3（7）: 22-26

[7] Miya T. Silica-based planar lightwave circuits: passive and thermally active devices. IEEE Journal of Selected Topics in Quantum Electronics, 2000, 6（1）: 38-45

[8] Yamada Y, Hanawa F, Kitoh T, et al. Low-loss and stable fiber-to-waveguide connection utilizing UV curable adhesive. IEEE Photonics Technology Letters, 1992, 4（8）: 906-908

[9] Ehlers H, Biletzke M, Kuhlow B, et al. Optoelectronic packaging of arrayed-waveguide grating modules and their environmental stability tests. Optical Fiber Technology, 2000, 6（4）: 344-356

[10] Hibino Y, Hanawa F, Nakagome H, et al. High reliability optical splitters composed of silica-based planar lightwave circuits. Journal of Lightwave Technology, 1995, 13（8）: 1728-1735

[11] Murphy E J. Fiber attachment for guided wave devices. Journal of Lightwave Technology, 1988, 6（6）: 862-871

[12] Laurent-Lund C, Poulsen M R, Beukema M, et al. PECVD grown multiple core planar waveguides with extremely low interface reflections and losses. IEEE Photonics Technology Letters, 1998, 10（10）: 1431-1433

[13] Uddin M A, Chan H P, Tsun T O, et al. Uneven curing induced interfacial delamination of UV adhesive-bonded fiber array in V-groove for photonic packaging. Journal of Lightwave Technology, 2006, 24（3）: 1342-1349

[14] Norio M, Kouzaburo N. UV-curable adhesives for optical communications. The Journal of Adhesion, 1991, 35（4）: 251-267

[15] 郑煜, 段吉安. 平面光波导与阵列光纤耦合分析. 中南大学学报 (自然科学版), 2009, 40 (3): 681-686

[16] 王启明. 光网络中关键性光子集成器件的研究进展. 中国科学 (E 辑), 2002, 32 (4): 516-522

[17] 郑煜. 阵列波导器件耦合封装机理及其关键技术. 长沙: 中南大学, 2012

[18] Anderson W W. Mode confinement and gain in junction lasers. IEEE Journal of Quantum Electronics, 1965, 1 (6): 228-236

[19] Miller S E. Light propagation in generalized lens like media. Bell System Technical Journal, 1965, 44 (11): 2017-2064

[20] Miller S E. Integrated optics: an introduction. Bell System Technical Journal, 1969, 48 (9): 2059-2069

# 案例 3.2　硅光子芯片与光纤垂直耦合封装

在过去的 20 年里, 硅光子已经彻底改变了集成光学领域, 为建立可大规模生产的光子回路提供了一个新颖而强大的平台。硅光子极具吸引力的方面之一是它能够提供极小的光学单元, 其典型尺寸比光纤器件小一个数量级。这种尺寸上的差异使得光纤到硅光子芯片光接口的耦合封装设计和制造具有挑战性。光纤到硅光子芯片光接口的耦合主要有两类, 即端面耦合 (见案例 3.1) 和垂直耦合。端面耦合通常具有相对较高的耦合效率、较宽的耦合带宽和较低的偏振依赖性, 但需要相对复杂的制造和封装流程, 不能直接与晶圆级测试兼容。垂直耦合的耦合效率较低、带宽较窄、与偏振有关, 但垂直耦合与大批量的制造和封装流程更加兼容, 且可实现晶圆级测试。

本案例以顶层硅厚度为 220 nm 的硅光子芯片与光纤垂直耦合为例, 建立耦合模型, 分析和研究耦合参数对耦合性能的影响机制和规律, 以指导硅光子芯片与光纤耦合结构的设计与封装。

## 3.2.1　垂直耦合简介

为更好地解决硅光子芯片与光纤耦合问题, 研究人员提出了一种垂直耦合方法, 与端面耦合的方向不同, 采用光栅耦合方法可将光垂直耦合到硅光子芯片中, 其优势在于垂直耦合方式可置于芯片表面的任何位置, 使设计更灵活, 并且还可实现晶圆级测试; 由于垂直耦合结构尺寸较大, 与硅光子耦合对准时，容差和精度要求相对端面耦合较低。因此，目前垂直耦合方法已成为硅光子芯片与光纤耦合的研究热点。

垂直耦合的种类很多，根据结构类型和结构参数可分为均匀光栅耦合、非均匀光栅耦合及闪耀光栅耦合等，根据刻蚀深度可分为浅刻蚀光栅和全刻蚀光栅。其主要研究参数包括耦合效率、对准容差、光学带宽、偏振相关性等。

2002 年，Taillaert 等首次使用模式扩展法设计出一种单模光纤与光波导垂直耦合的光栅结构，如图 3.2.1（a）所示，优化模拟后可以得到 38% 的耦合效率，模拟时在波导下方增加一个多层反射器，则耦合效率可以提高到 74% 左右，实验测试的真实耦合效率为 19%。为提高耦合效率，2004 年该研究小组尝试通过倾斜入射光纤的入射角度，设计出新的光栅耦合结构，如图 3.2.1（b）所示，这种耦合方式可以有效避免光的反射。2006 年该研究小组加工并测试了最新设计的光纤和纳米波导的光栅耦合器，实验测得 1 dB 带宽为 40 nm，耦合效率大于 30%，通过优化光栅设计和增加堆叠层，理论上耦合效率可达 90% 以上；仿真设计中，在硅上加一层涂覆层，耦合效率提高至 44%，氧层厚度为 900 nm 时，耦合效率为 53%，使用 $Si/SiO_2$ 作为底层反射器，均匀光栅可得耦合效率 79%，而非均匀光栅最大耦合效率可达 92%。

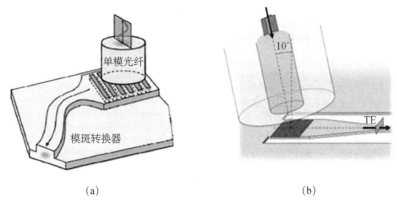

（a） （b）

图 3.2.1　Taillaert 等设计的完全垂直耦合（a）和微倾斜耦合（b）

2010 年，丹麦理工大学提出了一种全刻蚀均匀光子晶体光栅结构，通过优化光子晶体的直径大小和晶格常数来得到需要的等效折射率，从而提高光栅的耦合效率。实验测得该结构在波长为 1550 nm 时，耦合损耗为 3.77 dB。1 dB 带宽为 37 nm，实验的 SEM 结构如图 3.2.2 所示。2011 年，皇家理工学院（KTH-Royal Institute of Technology）提出全刻蚀切趾型光栅，模拟的耦合效率 1.43dB，实际测得耦合效率 4.56 dB，结构如图 3.2.3 所示。

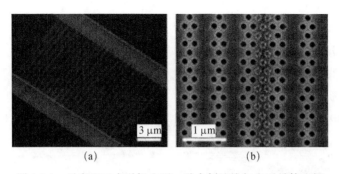

(a) 　　　　　　　　　(b)

图 3.2.2　丹麦理工大学提出了一种全刻蚀均匀光子晶体光栅

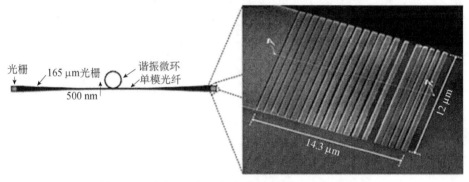

图 3.2.3　皇家理工学院提出的全刻蚀切趾型光栅结构

　　国内方面，图 3.2.4（a）为 2008 年香港中文大学设计出的一种新型啁啾光栅，打破了普通光栅的对称性。实验测得刻蚀深度为 70 nm 的啁啾光栅其耦合效率可达 4.85 dB，3 dB 带宽为 45 nm；若在两端加上不同的啁啾光栅，该结构还能实现偏振分束功能。图 3.2.4（b）则是该小组于 2009 年提出的一种均匀浅刻蚀的纳米孔光栅结构，通过单次光刻和刻蚀实现垂直耦合结构，可通过改变纳米孔的等效折射率来改善耦合性能；实验测得耦合效率为 34%，3 dB 带宽为 40 nm，与 FDTD 仿真模拟结果一致。

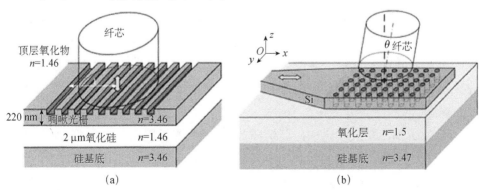

（a）　　　　　　　　　（b）

图 3.2.4　香港中文大学设计出的啁啾光栅（a）和纳米孔光栅（b）

2010 年，中国科学院半导体研究所设计和制作了一种基于 SOI 深刻蚀（240 nm）的高效光栅耦合器，该结构如图 3.2.5（a）所示，可应用于光纤与波导之间的垂直耦合，波长 1550 nm 时其模拟和实验测得的最大耦合效率分别为 42.1% 和 25%，3dB 带宽为 45 nm。图 3.2.5（b）是 2010 年浙江大学提出的一种非均匀光栅耦合结构，其刻蚀深度沿长度方向不等，这样可以设计出可变的等效折射率。实验测得对于 TE 模式的入射光，其最大耦合效率可达 1.49 dB，3 dB 带宽为 60 nm。

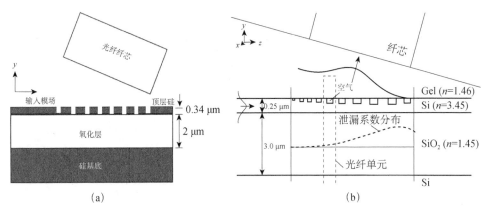

图 3.2.5　高效光栅耦合（a）和非均匀光栅（b）

### 3.2.2　垂直耦合模型与理论

**1. 垂直耦合模型**

图 3.2.6 给出了垂直耦合的结构示意图，基于 SOI 材料设计的耦合光栅有三层结构，从下到上依次为硅基底、二氧化硅层和顶层硅，厚度由生产的晶圆类型决定，该耦合模型选用的晶圆厚度为氧化层 3 μm、顶层硅 220 nm，最上层一般为空气或二氧化硅。耦合过程大致为：光波经过光纤垂直入射到光栅结构上，通过光栅的衍射作用将光耦合到硅光波导中，反之也可以将硅光波导中传播的光垂直耦合到光纤中，从而实现 SOI 硅光器件与外部信号的输入和输出。

图 3.2.6 所示的光栅为输出型耦合光栅，$\Lambda$ 为光栅周期；$W$ 为光栅牙的宽度（假设为均匀光栅）；$ff$ 为占空比，定义为 $ff=W/\Lambda$；etch 为光栅的刻蚀深度；$\theta$ 角则是光纤纤芯所对应的空气表面的法线与衍射光的传播方向之间的夹角，即光

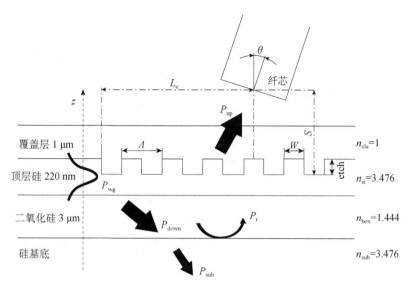

图 3.2.6　垂直耦合的结构示意图

纤入射角；$L_c$ 为光纤纤芯与光栅起始位置的水平距离；$S$ 为光纤纤芯与光栅的垂直距离；$P_{wg}$ 是输入光功率；$P_{up}$ 和 $P_{down}$ 分别代表向上传播和向晶圆下方渗透的能量，$P_r$ 为氧化层向上反射的能量，$P_{sub}$ 为硅衬底中透射的能量。与 SOI 硅基波导设定的坐标轴方向保持一致，$x$ 轴为光栅厚度方向，$y$ 轴为光栅横向宽度方向，$z$ 轴为光传播方向（光栅长度方向）；规定电场矢量方向沿 $y$ 轴方向为 TE 模式，电场矢量方向沿 $x$ 轴方向为 TM 模式。

硅光子芯片与光纤垂直耦合的性能指标主要有：

（1）方向性（Directionality）：向上衍射的能量（$P_{up}$）与波导的输入能量（$P_{wg}$）的比值，通常可用百分比表示，也可以用 dB 表示为

$$\text{Directionality} = -10\lg\left(P_{up} / P_{wg}\right) \tag{3.2.1}$$

（2）耦合效率（Coupling Efficiency）：也称为耦合损耗，即耦合到光纤基模的能量（$P_{fiber}$）与波导的输入能量（$P_{wg}$）的比值，通常用 dB 或百分数表述，用 dB 表示为

$$\text{CE} = -10\lg\left(P_{fiber} / P_{wg}\right) \tag{3.2.2}$$

根据光的可逆性，光从波导耦合到光栅的效率和光从光栅耦合到波导的效率是一样的。

（3）穿透损耗（Penetration Loss）：基底损耗的能量（$P_{sub}$）与波导的输入能量（$P_{wg}$）的比值，用 dB 表示为

$$\text{Penetration Loss} = -10\lg\left(P_{\text{sub}} / P_{\text{wg}}\right) \tag{3.2.3}$$

（4）1 dB 或 3 dB 带宽：耦合效率低于峰值 1 dB 或 3 dB 时的波长范围。

### 2. 垂直耦合的布拉格条件

垂直耦合的光栅遵从布拉格定律，如图 3.2.7 所示，周期性分布点排列在空气中，在 $y$ 方向上的周期性距离为 $d$。当平面波入射在该周期性结构上时，平面上周期性分布的每个点都会发生散射现象，选取两个相邻平面的同一列分布点进行分析，可知下平面的点相对于上平面的点要额外多 $2d\sin\theta$ 长度的光程差，根据相位干涉条件，该相邻光波会产生相长干涉或相消干涉。当这个额外长度等于 $\lambda$ 或 $\lambda$ 的整数倍时，它们的相位差刚好是 $2\pi$ 或 $2\pi$ 的整数倍，会发生完全相长干涉现象，即

$$2d\sin\theta = m\lambda \tag{3.2.4}$$

式中，$m$ 为整数，$\lambda$ 为入射波波长，$\theta$ 为散射角。

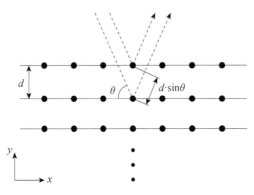

图 3.2.7　布拉格定律示意图

假设入射到光栅上的波是一个在平板波导中传播的导波，其传播方向与光栅处于同一平面，并且垂直于光栅齿。布拉格条件的一般形式可以表示为

$$k_{\text{in},z} + m\boldsymbol{K} = k_z \tag{3.2.5}$$

式中，$k_{\text{in},z}$ 表示为入射光矢量 $k_{\text{in}}$ 在 $z$ 轴方向的分量；$\boldsymbol{K}$ 表示为光栅矢量，方向为 $z$ 轴方向，且 $K = 2\pi/\varLambda$，大小取决于结构的周期；$k_z$ 表示为衍射波在入射方向 $z$ 轴方向上的波矢分量，且 $k_z = 2\pi n_c/(\lambda\sin\theta)$。这种关系也可以用图 3.2.8 所示的波矢图来描述，当入射光波矢量分量 $k_{\text{in},z}$ 与 $m$ 倍光栅矢量 $\boldsymbol{K}$ 叠加后落在反射半圆或者透射半圆的范围内时，可产生 $m$ 级衍射。

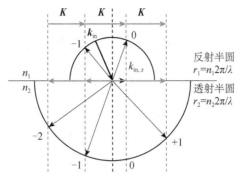

图 3.2.8　垂直耦合的波矢图

对于输入型耦合光栅，布拉格条件中入射光波矢量可以写成光栅导模的传播常数，则式（3.2.5）变成

$$\beta + mK = k_z \tag{3.2.6}$$

式中，$\beta$ 表示为光栅导模的传输常数，且 $\beta = 2\pi n_{\text{eff}}/\lambda$，$m$ 的数值代表第 $m$ 次级衍射，进行计算化简后，光栅的耦合方程可表示为

$$n_{\text{eff}}\varLambda - n_c\varLambda\sin\theta = m\lambda \tag{3.2.7}$$

式中，$n_{\text{eff}}$ 表示为光栅的有效折射率，$n_c$ 表示为光栅包覆层的折射率，$\varLambda$ 表示为光栅周期，$\theta$ 表示为衍射角，$\lambda$ 表示为入射波的波长，$m$ 为一个整数，表示衍射级次。通常用于耦合的衍射次序是一阶（$m = 1$），所以光栅耦合的布拉格条件可以进一步改进为

$$n_{\text{eff}} - n_c\sin\theta = \lambda / \varLambda \tag{3.2.8}$$

### 3.2.3　垂直耦合规律

基于时域有限差分法（Finite-Difference Time-Demein，FDTD）构建硅光子芯片与光纤垂直耦合模型并进行求解，图 3.2.9 给出了垂直耦合光栅二维仿真模型。根据入射光的来源，采用两种仿真结构，图 3.2.9（a）为输入型耦合光栅，3.2.9（b）为输出型耦合光栅。图 3.2.9（a）给出了模型结构组成，1 表示为入射光源的单模光纤纤芯，外层还有直径更大的光纤包层，光纤完全垂直放置会产生较大的反射，使耦合效率降低，因此图中采用微角度倾斜光纤来削弱光的反射；4 和 8 为仿真时采用的完美匹配层（Perfectly Matching Layer，PML）条件，用于避免寄生的反射效应；2 为整个仿真模拟的计算区域；3 表示为频域功率监控器，用于收集仿真结果频域中的光功率信息；5、6、7 分别表示为

220 nm 的顶层硅、3 μm 的二氧化硅层和硅基底；顶层硅上面还可以加上一层覆盖层，一般为空气或二氧化硅。输入型耦合光栅的仿真过程为：TE 模式的光源从单模光纤纤芯入射到光栅表面，通过垂直耦合光栅耦合到硅光波导中，使用功率监视器记录耦合光栅的插入损耗和反射功率的大小；对于输出型耦合光栅，在硅光波导中设置一个 TE 模式的光源，经过聚焦光栅时向上耦合到纤芯中，使用模式监视器监测进入光纤中的模式光功率大小，完成一组模式和波长的耦合仿真后，监视器能够获取耦合过程的相应数据。从耦合效率曲线中可获得垂直耦合光栅的最大效率、耦合效率变化规律以及带宽等信息，它们是评估垂直耦合光栅性能的主要参数。模式失配的存在导致模式光的功率无法完全耦合到光纤或硅光波导中，需要监视器实时监视耦合过程中功率和能量的去向分布，因此，监视器的选用对于耦合光栅仿真是非常重要的。

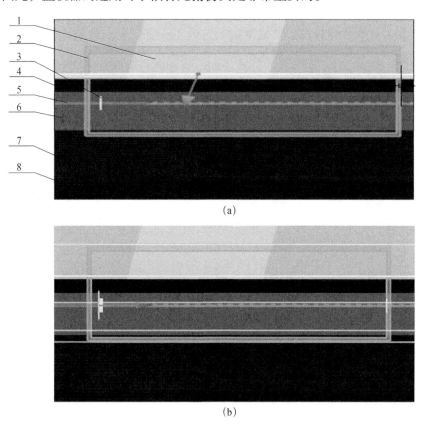

(a)

(b)

图 3.2.9　垂直耦合光栅二维仿真模型：（a）输入型；（b）输出型

初始仿真参数如表 3.2.1 所示。FDTD 仿真精度与网格大小密切相关，为获得精确结果需要划分更小的网格，但这会大大增加计算时长和计算内存，故仿真时需对模型进行合理的网格划分和模拟区域设计，通过弯曲直波导均匀光栅条设计出聚焦光栅结构，除弯曲半径外，其他结构参数与直波导均匀光栅参数相同。因为两种光栅的栅条宽度都远远大于光栅周期，所以可近似认为两种光栅是二维的，使用二维 FDTD 仿真模拟耦合光栅能够减少计算量和仿真时间，使模拟过程加速。一般采用二维 FDTD 仿真设计对耦合光栅的设计方案进行验证和优化，后续再利用三维仿真和光学实验测试优化后的设计。

**表 3.2.1 垂直耦合光栅仿真初始参数**

| 参数 | 初始值 |
| --- | --- |
| 工作波长 $\lambda$/μm | 1.55 |
| 光栅周期 $\Lambda$/nm | 670 |
| 刻蚀深度 etch/nm | 70 |
| 占空比 $ff$ | 0.5 |
| 周期数 | 26 |
| 波导宽/nm | 450 |
| 水平距离 $L_C$/μm | 3 |
| 垂直高度 $S$/μm | 1.5 |

### 1. 光栅周期

根据式（3.2.8）可知，不同的工作波长 $\lambda$，光栅周期是不一样的。在固定的工作波长下和不同工作波长下对周期 $\Lambda$ 进行参数扫描，得到 SOI 耦合光栅的耦合效率随周期变化规律，如图 3.2.10 所示。根据图 3.2.10（a）可知，对于波长为 1.55 μm 的入射光，在周期为 660 nm 时达到最大耦合效率 56%，对应的 3 dB 带宽为 79 nm（根据图 3.2.10（b）中的数据计算可得）；当周期 $\Lambda$ 大于 660 nm 或者小于 660 nm 时，光栅的耦合效率会急剧下降。图 3.2.10（b）为光栅周期变化时不同波长下的耦合效率，可知当光栅周期以 2.5 nm 为步距左右偏移时，耦合到光栅的中心波长随步距发生约 3 nm 的偏移，且向着长波长方向（右边）偏移。定义 $\delta\lambda/\delta\Lambda$ 为光栅周期影响耦合性能的敏感系数，通过图 3.2.10（b）中的数据可计算得到 $\lambda/\delta\Lambda=1.2$ nm/nm；同时，光栅的耦合效率会随着步距沿长波长方向稍微减小，步距容差约为 1.25%。

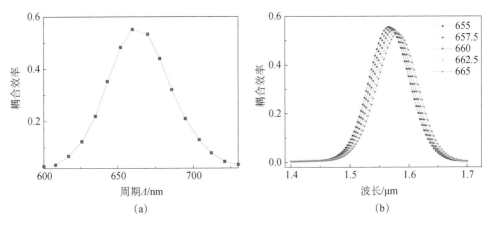

图 3.2.10　耦合效率随光栅周期 $\Lambda$ 变化的规律：（a）1.55μm 波长下的耦合效率随光栅周期 $\Lambda$
变化的规律；（b）不同工作波长和不同光栅周期 $\Lambda$ 下的耦合效率

### 2. 光栅占空比

光栅占空比变化时耦合光栅的有效折射率也随之变化，从而对耦合光栅的耦合性能产生影响。保持其他参数固定不变，仅对占空比 $ff$ 进行参数扫描，得到占空比对 SOI 耦合光栅的耦合性能的影响，如图 3.2.11 所示。根据图 3.2.11（a）可知，对于波长为 1550 nm 的入射光，在占空比为 310 nm（为方便工艺设计，取占空比对应的光栅齿宽度为坐标）时达到最大耦合效率 54%，对应的 3 dB 带宽为 84 nm（根据图 3.2.11（b）中的数据计算可得）；当占空比 $ff$ 大于 310 nm 或者小于 310 nm 时耦合效率会明显下降；图 3.2.11（b）为光栅占空比变化时不同波长下的耦合效率，可知当光栅占空比以 2.5 nm 为步距左右偏移时，耦合到光栅的中心波长偏移量不大，随步距仅为 1 nm，向长波长方向偏移，定义 $\delta\lambda/\delta ff$ 为光栅占空比的敏感系数，通过图 3.2.11（b）中的数据可计算得到 $\delta\lambda/\delta ff$=0.4 nm/nm；同时，耦合效率也未发生明显变化，随步距容差仅为 0.1%。

### 3. 光栅槽刻蚀深度

光栅槽刻蚀深度也是影响光栅耦合效率的参数之一，当刻蚀深度不同时，整体结构的有效折射率也会发生改变，从而影响光栅耦合效率。保持其他参数固定不变，仅对刻蚀深度 etch 进行参数扫描，得到刻蚀深度对 SOI 耦合光栅的耦合性能的影响，如图 3.2.12 所示。根据图 3.2.12（a）可知，对于波长为 1550 nm 的入射光，在光栅槽刻蚀深度为 80 nm 时达到最大耦合效率 58%，3 dB 带宽为 85 nm（根据图 3.2.12（b）中的数据计算可得）；当光栅槽刻蚀深度 etch

大于 80 nm 或者小于 80 nm 时耦合效率会明显下降；图 3.2.12（b）为光栅槽刻蚀深度变化时不同波长下的耦合效率，当光栅槽刻蚀深度以 2.5 nm 为步距左右偏移时，耦合到光栅的中心波长随步距发生 3.2 nm 的偏移，向着短波长方向偏移，定义 δλ/δetch 为光栅槽刻蚀深度的敏感系数，通过图 3.2.12（b）中的数据可计算得到 δλ/δetch=1.3 nm/nm；同时，耦合效率随步距沿短波长方向逐渐增大，步距容差为 2.5%。

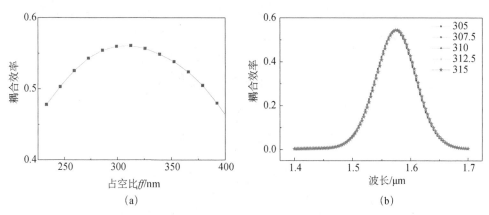

图 3.2.11　耦合效率随光栅占空比 *ff* 变化的规律：（a）1.55μm 波长下的耦合效率随光栅占空比 *ff* 变化的规律；（b）不同工作波长和不同光栅占空比 *ff* 下的耦合效率

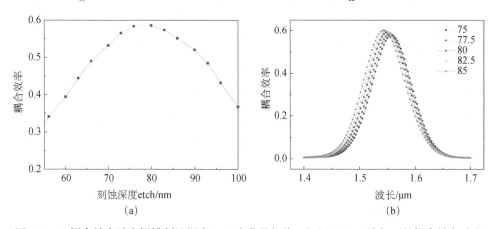

图 3.2.12　耦合效率随光栅槽刻蚀深度 etch 变化的规律：（a）1.55μm 波长下的耦合效率随光栅槽刻蚀深度 etch 变化的规律；（b）不同工作波长和不同光栅槽刻蚀深度 etch 下的耦合效率

### 3.2.4　耦合实验

硅光子芯片与光纤垂直耦合平台如图 3.2.13 所示，包括左右各 1 套 4 自由度运动平台、光纤夹具和视觉系统。该平台除图 3.2.13 所标注的运动平台、光纤夹具以及 CCD 相机等结构外，还包括与输入端光纤相连接的三环偏振器、可调谐激光器，以及与输出端光纤相连的功率计。为了保持平稳的耦合环境，整个平台下方设置了气浮平台装置；芯片载物台上设置了负压吸附装置，用来吸附硅光子芯片，起到固定夹持的作用；俯视方 CCD 相机属于高清测量显微镜，用于观察放大芯片细节，将光纤置于耦合光栅工作区，同时，将图像实时显示在左侧显示器上，用于观察其相对距离；侧后方 CCD 相机配有高倍率镜头，用于机器视觉测量光纤入射角、光纤与芯片的纵向距离（即光纤高度）。

图 3.2.13　硅光子芯片与光纤垂直耦合平台

### 1. 光纤横向偏移对耦合效率的影响

首先通过硅光子芯片与光纤对准耦合平台找到硅光子芯片与光纤的最佳耦合位置，然后分别在 $x$ 方向和 $y$ 方向进行正负偏移，结果如图 3.2.14 所示。从图中可知，光纤在 $x$ 方向引起的耦合效率变化曲线并不是对称的，同等偏移量下正向偏移的耦合效率要略低于负向偏移的耦合效率。这是因为光纤出射的光束基本为圆形，而倾斜的入射角使其在耦合光栅上方形成的模场并不是对称圆形。以耦合效率降低为最大耦合效率的 80% 作为比较基准，$x$ 方向的耦合容差为 ±2 μm，正向偏移的曲线明显比负向偏移的曲线的下降趋势急剧。当正向偏移为 12 μm 时，光纤与光栅工作区已经完全错位，光纤的光已经无法与光栅发生耦合，而负向偏移则在 16 μm 左右时无法耦合。

光纤在 $y$ 方向的偏差对耦合效率的影响基本是对称的，这是因为光纤与耦合光栅结构在 $y$ 方向模场均呈近高斯分布，当两个模场的中心重合时，才能得到最佳耦合效率。以耦合效率降低为最大耦合效率的 80% 作为比较，$y$ 方向的耦合容差为±2.5 μm，当偏移量为±10 μm 时，光纤模场边缘已经偏移到与耦合光栅

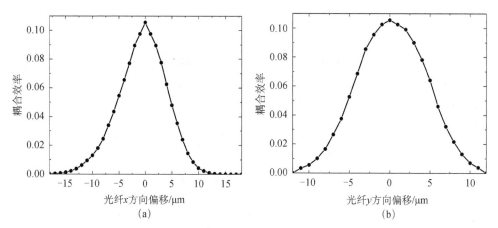

图 3.2.14　光纤横向偏移对耦合效率的影响：（a）$x$ 方向偏移；（b）$y$ 方向偏移

的宽度边缘相切的相对位置，此时基本不发生耦合，这与耦合光栅在 $y$ 方向的宽度（约为 10 μm）以及光纤纤芯直径尺寸相当。

### 2. 光纤高度对耦合效率的影响

光纤越贴近硅光子芯片的耦合光栅，耦合效率越大，并且高度方向的耦合容差也越大，但为了防止光纤与硅光子芯片发生碰撞，以光纤高度 $h$ 来衡量光纤与耦合光栅的距离，且最小值为 1 μm，此时光纤端面的圆心到耦合光栅的距离可以通过光纤半径与入射角度求得。以 $h=1$ μm 为偏移量原点，观察当偏移量增大时，耦合效率的变化，如图 3.2.15 所示。光纤高度对耦合效率的影响并不明显，原因是在几十微米的高度范围内，光纤光场的发散相对较小，除非是几百微米以上的高度，而这在实际情况中是不会出现的。

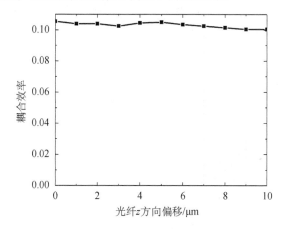

图 3.2.15　光纤高度方向的偏移对耦合效率的影响

### 3. 光纤俯仰角对耦合效率的影响

在实验过程中，光纤由一个带有倾斜角度的夹具夹持，夹具倾斜角度为 8°。光纤俯仰角有 4°～12° 的变化范围，俯仰角度对耦合效率的影响如图 3.2.16 所示。

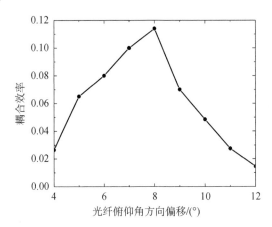

图 3.2.16　光纤俯仰角对耦合效率的影响

根据图 3.2.16 可知，光纤俯仰角度的耦合容差是比较小的，当俯仰角为 8° 时，耦合效率达到最大值，以耦合效率降低为最大耦合效率的 80% 作为比较基准，俯仰角正方向的耦合容差为 0.5°，俯仰角负方向的耦合容差为 1.5°。

## 3.2.5　案例小结

本案例以顶层硅厚度为 220 nm 的硅光子芯片与光纤垂直耦合为例，基于布拉格定律建立了硅光子芯片与光纤垂直耦合模型，分析研究了垂直耦合光栅参数，如耦合光栅周期、占空比、光栅槽刻蚀深度，以及这些参数对垂直耦合光栅耦合效率的影响规律，并给出了各参数设计容差，以指导垂直耦合光栅的设计与制造。然后通过实验，分析研究了硅光子芯片与光纤垂直耦合规律，给出了光纤横向偏移、高度和俯仰角的耦合容差，以指导硅光子芯片与光纤的对准耦合。

## 3.2.6　案例使用说明

### 1. 教学目的与用途

硅光子是最有希望让光走进千家万户，并能够实现大规模量产的一种技术，但其与光纤的耦合，主要是与单模光纤耦合，由于两者耦合结构尺寸相差较大，耦合效率低，成为限制硅光子广泛应用的关键问题之一。本案例以硅光子与光纤垂直耦合结构为例，构建垂直耦合结构模型，基于仿真和实验，给出垂直耦合结构参数对耦合效率的影响规律，让学生理解和掌握硅光子芯片与光纤耦合机制和规律，以指导硅光子芯片的设计、制造和封装测试。

### 2. 涉及知识点

硅光子学、垂直耦合、布拉格定律、时域有限差分法、对准耦合、耦合容差、模场、耦合效率。

### 3. 配套教材

[1] 刘粤慧. 硅基光栅耦合器与光纤的耦合规律及对准算法研究. 长沙：中南大学，2022

[2] 开小超. 硅光波导与光纤垂直耦合光栅的制作研究. 长沙：中南大学，2018

[3] 赫罗斯托夫斯基 L，霍克伯格 M. 硅光子设计——从器件到系统. 郑煜，蒋连琼，郜飘飘，等译. 北京：科学出版社，2021

### 4. 启发思考题

（1）晶体中，相邻平行晶面反射的射线行程差为入射波波长的整数倍时，会发生何种现象？

（2）如何使光的传输方向改变角度大于 45°？

（3）硅光子芯片与光纤垂直耦合，垂直是否就是 90°？在集成光芯片与光纤耦合的时候通常有一个斜 8°的处理，垂直耦合中是否也需要？为什么？

（4）硅光子芯片的特征尺寸是 220 nm×450 nm，而光纤纤芯为 8.2 μm，两者耦合所需的运动平台的定位精度和重复定位精度如何选取？

### 5. 分析思路

如果将结合 3.1 节案例中微米尺度的光波导特征尺寸继续减小，但同时可以将光限制在其中进行低损耗传输，如何进行更小特征尺寸的集成光子芯片与光纤的对准？以这个问题让学生自由讨论，然后引出布拉格定律，实现光的传输方向改变角度大于 45°。然后基于时域有限差分法建立硅光子芯片与光纤垂直耦合模型，进而分析和讨论垂直耦合光栅结构参数对耦合效率的影响规律。最后结合实验，进一步探讨耦合误差对硅光子芯片与光纤耦合效率的影响规律。

### 6. 理论依据

见 3.2.2 节介绍。

### 7. 背景信息

见案例 3.2 引言和 3.2.1 节介绍。

### 8. 关键要点

（1）垂直耦合光栅的布拉格原理。
（2）垂直耦合光栅结构参数对耦合效率的影响机制和规律。
（3）硅光子芯片与光纤耦合封装装备的精度要求。

### 9. 课堂计划建议

| | 0～10min | 学生围绕大角度光传输和布拉格定律自由讨论 |
|---|---|---|
| 课堂时间 90min | 10～60min | 基于时域有限差分法构建硅光子芯片与光纤垂直耦合光栅模型，并对垂直耦合光栅结构参数对耦合效率的影响规律进行分析和讨论 |
| | 60～80min | 结合制造工艺容差，讲述垂直耦合光栅结构设计容差范围和设计规范，并结合实验进行验证 |
| | 80～90min | 对案例进行总结。布置设计作业：要求学生在一个星期内完成 220nm×450nm 硅光子波导与光纤垂直耦合光栅的结构优化设计 |

# 参 考 文 献

[1] Reed G T, Mashanovich G, Gardes F Y, et al. Silicon optical modulators. Nature Photonics, 2010, 4（8）: 518-526

[2] Mashanovich G Z, Milošević M M, Nedeljkovic M, et al. Low loss silicon waveguides for the mid-infrared. Optics Express, 2011, 19（8）: 7112-7119

[3] Cardenas J, Poitras C B, Robinson J T, et al. Low loss etchless silicon photonic waveguides. Opt Express, 2009, 17（6）: 4752-4757

[4] Sparacin D K, Spector S J, Kimerling L C. Silicon waveguide sidewall smoothing by wet chemical oxidation. Journal of Lightwave Technology, 2005, 23（8）: 2455-2461

[5] Wood M, Sun P, Reano R M. Compact cantilever couplers for low-loss fiber coupling to silicon photonic integrated circuits. Optics Express, 2012, 20（1）: 164-172

[6] Dai M, Ma L, Xu Y, et al. Highly efficient and perfectly vertical chip-to-fiber dual-layer

grating coupler. Opt Express, 2015, 23（2）: 1691-1698

[7] Chen X, Tsang H K. Polarization-independent grating couplers for silicon-on-insulator nanophotonic waveguides. Opt Lett, 2011, 36（6）: 796-798

[8] Taillaert D, Bogaerts W, Bienstman P, et al. An out-of-plane grating coupler for efficient butt-coupling between compact planar waveguides and single-mode fibers. IEEE Journal of Quantum Electronics, 2002, 38（7）: 949-955

[9] Chen G, Yu Y, Deng S, et al. Bandwidth improvement for germanium photodetector using wire bonding technology. Opt Express, 2015, 23（20）: 25700-25706

[10] Chen G, Yu Y, Xiao X, et al. High speed and high power polarization insensitive germanium photodetector with lumped structure. Opt Express, 2016, 24（9）: 10030-10039

[11] Chen G, Goyvaerts J, Kumari S, et al. Integration of high-speed GaAs metal-semiconductor-metal photodetectors by means of transfer printing for 850 nm wavelength photonic interposers. Opt Express, 2018, 26（5）: 6351-6359

[12] Huang Z, Li C, Liang D, et al. A 25Gbps low-voltage waveguide Si-Ge avalanche photodiode. Optica, 2016, 3（8）: 793-798

[13] Yin T, Cohen R, Morse M M, et al. 31 GHz Ge n-i-p waveguide photodetectors on Silicon-on-Insulator substrate. Optics Express, 2007, 15（21）: 13965-13971

[14] Kim Y, Lee M H, Kim Y, et al. High-extinction-ratio directional-coupler-type polarization beam splitter with a bridged silicon wire waveguide. Optics Letters, 2018, 43（14）: 3241-3244

[15] Wu H, Tan Y, Dai D. Ultra-broadband high-performance polarizing beam splitter on silicon. Opt Express, 2017, 25（6）: 6069-6075

[16] Zhang Y, He Y, Wu J, et al. High-extinction-ratio silicon polarization beam splitter with tolerance to waveguide width and coupling length variations. Opt Express, 2016, 24（6）: 6586-6593

[17] Kim D W, Lee M H, Kim Y, et al. Planar-type polarization beam splitter based on a bridged silicon waveguide coupler. Opt Express, 2015, 23（2）: 998-1004

[18] Shen B, Wang P, Polson R, et al. An integrated-nanophotonics polarization beamsplitter with 2.4 × 2.4 μm² footprint. Nature Photonics, 2015, 9（6）: 378-382

[19] Zhang Y, Yang S, Lim A E, et al. A compact and low loss Y-junction for submicron silicon waveguide. Opt Express, 2013, 21（1）: 1310-1316

[20] Douglass G, Dreisow F, Gross S, et al. Femtosecond laser written arrayed waveguide gratings with integrated photonic lanterns. Opt Express, 2018, 26（2）: 1497-1505

## 案例 3.3　半导体激光器芯片与光纤耦合封装

激光光源是光纤通信的三大基本要素之一，多为Ⅲ-Ⅴ族半导体材料制造而成，其功能由光学设计和制造精度决定。根据不同性能要求、不同用途要求，封装的结构和形式也不相同。随着技术的不断发展与进步，封装结构逐渐趋向于小型化与多功能模块化，如光发射组件（Transmitter Optical Sub-assembly，TOSA）的封装，就是将半导体激光器（Laser Diode，LD）芯片与单模光纤（Single Mode Fiber，SMF，以下光纤除特殊说明外，均为单模光纤）对准，将激光耦合进光纤后，使它们连接固定，在此过程中，不能引起附加损耗，并要求封装后器件对外界的环境变化具有一定的稳定性与可靠性，以保证信号高质量传输。

本案例以半导体激光器芯片与光纤耦合封装为例，构建两者球透镜耦合模型，理论计算和分析球透镜耦合特性，包括激光器芯片发光特性、球透镜结构尺寸以及空间耦合误差等因素对耦合效率的影响机制和规律，并通过实验进行验证，让学生理解和掌握半导体激光器芯片与光纤耦合的机制和规律。

### 3.3.1 半导体激光器芯片与光纤耦合简介

光纤通信系统的骨干网、城域网和接入网对半导体激光器的要求是不同的，其耦合封装精度和可靠性要求也是不同的，骨干网要求最高，其次是城域网，要求最低的是接入网。半导体激光器芯片的发光区域几何尺寸很小，一般在垂直于结平面方向上，光斑半径小于 1 μm；平行于结平面方向，光斑半径不超过 10 μm，衍射现象很明显。同时，垂直于结平面方向上的尺寸要远远小于平行结平面方向，这造成了出射光束远场发散角的不同。在垂直于结平面方向，发生较强衍射，在远场形成较大的发散角，典型值为 30°～40°，光束发散快，称为快轴方向；在平行于结平面方向，衍射作用较小，在远场形成的发散角也比较小，典型值为 5°～10°，光束发散得比垂直方向慢，称为慢轴方向。

半导体激光器芯片与光纤之间耦合损耗的产生原因：一方面是半导体激光器输出模场与光纤的本征模场不匹配，另一方面是在器件耦合对准与封装过程中存在着位置误差。前者是半导体激光器固有的特性，难以改变，后者则可以通过各种耦合技术以实现高的耦合效率。归纳起来，按照耦合结构类型可分为分立式透镜耦合和透镜光纤耦合两种。

#### 1. 分立式透镜耦合

分立式透镜耦合，即在半导体激光器芯片与光纤之间加入光学元件，如插入透镜、棱镜等。

（1）单球透镜耦合。球透镜本身所具有的圆对称性使其在装配上较方便，在制造上也简单，成本低，因而在半导体激光器芯片与光纤的耦合系统中被广泛应用，目前 TO-CAN 型封装（Transistor Outline Coaxial Package，同轴型封装）大多采用单球透镜形式，耦合结构如图 3.3.1 所示。然而，由于球面像差的存在，其耦合效率并不高，一般为 20%～30%。

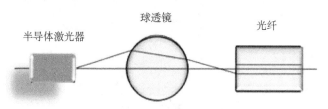

图 3.3.1　单球透镜耦合结构

（2）单圆柱透镜耦合。半导体激光器发出的光的模场一般为椭圆形分布，利用柱透镜可以使光束光斑在耦合前接近圆形，然后与圆形截面的光纤耦合。其原理与球透镜相似，只是在垂直结平面方向上对光束存在聚焦作用，耦合结构如图 3.3.2 所示。但是在实际耦合封装中，半导体激光器、柱透镜和光纤的位置精度要求极高，在对准过程中稍有偏差，便会带来极大的耦合损耗。

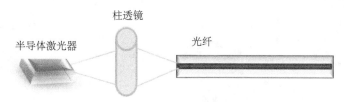

图 3.3.2　单圆柱透镜耦合结构

（3）自聚焦透镜耦合。自聚焦透镜是通过在圆柱形的玻璃基棒内利用离子热交换技术使径向折射率发生变化而制成的。透镜的自聚焦能力依靠折射率的渐变来实现，焦距由透镜的长度决定。如果将自聚焦透镜端面研磨成球面，补偿透镜的球差，可以较大地提高半导体激光器与光纤之间的耦合效率。但是在实际透镜制造与加工过程中，透镜的折射率分布需要精密测量与复杂计算，透镜的加工过程需要对曲面进行精密研磨，制作难度高，生产成本高。自聚焦透镜耦合结构如图 3.3.3 所示。

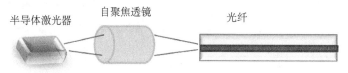

图 3.3.3　自聚焦透镜耦合结构

（4）组合透镜耦合。在许多光纤耦合系统中，常常用球透镜、柱透镜、自聚焦透镜等的组合来提高耦合效率，如使用自聚焦透镜与球透镜的组合、多个自聚焦透镜的组合，等等。通常利用这种方式可获得 50%以上的耦合效率，但是，在透镜的装配过程中，需要进行精密的调整，并且这种系统对器件封装阶段的要求很高，大大增加了器件的生产难度，不适合应用于大规模的产业化生产。

### 2. 透镜光纤耦合

透镜光纤耦合，即采用刻蚀、研磨或拉锥等技术，在光纤的端面加工制作微透镜，如在光纤端面制造球形、锥形、椭球形、楔形透镜等。通过减小透镜的焦距可以提高耦合效率，为了得到较小的透镜，可以直接在光纤端面制作透镜，即光纤微透镜。这种耦合方式方便灵活，系统简单，易于集成封装与加工制造。几种典型的透镜光纤耦合结构如图 3.3.4 所示。

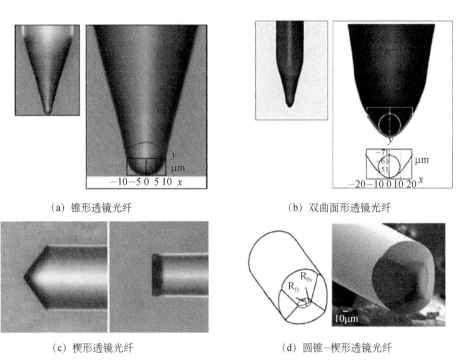

(a) 锥形透镜光纤             (b) 双曲面形透镜光纤

(c) 楔形透镜光纤             (d) 圆锥－楔形透镜光纤

图 3.3.4　几种典型的透镜光纤耦合结构

（1）锥形透镜光纤，如图 3.3.4（a）所示，可通过研磨或熔融等技术，在光纤端面形成锥形，后经过特殊的加工手段（如化学腐蚀、抛光等）在其尖端加工出光学微球透镜，具有耦合效率高、使用简便、可靠等特点。如图 3.3.4（b）所示为对锥形透镜光纤端面的改进，在光纤端面加工特定的双曲面，把像差造成的耦合损耗降到最小，耦合效率可达到 80%甚至更高。

（2）楔形透镜光纤，如图 3.3.4（c）所示，通过在光纤的端面研磨成楔形，然后经过特殊的加工手段在其尖端加工出光学柱透镜，从而对光纤光斑进行整形匹配，达到更高的耦合效率的目的。

（3）圆锥–楔形微透镜，如图 3.3.4（d）所示，通过光纤研磨抛光制造出具有椭圆金字塔形端面的光纤微透镜，然后通过电弧加热，在端面形成圆弧形，可达到最高 84%的耦合效率。

与分立式透镜耦合系统相比，使用光纤微透镜的系统耦合效率更大，但对准耦合容差较小，对加工精度的要求高。

本案例是以半导体激光器芯片与光纤通过球透镜耦合结构来介绍耦合建模过程的，其他耦合结构的耦合建模过程与之基本相同。

### 3.3.2　耦合方法与模型

如图 3.3.5 所示，为理想同轴情况下，即不存在横向偏移与角度偏差这些对准误差时的激光二极管（Laser Diode，LD）-球透镜-单模光纤（SMF，简称光纤）耦合结构。球透镜与 SMF 都具有圆对称的特性，而 LD 出射光场一般呈椭圆形，在这里定义垂直于结平面方向为 $x$，平行于结平面的方向为 $y$，从 LD 端面射出的光束沿 $z$ 方向传播。

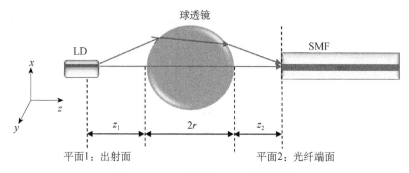

图 3.3.5　LD–球透镜–SMF 耦合结构

由于光路的可逆性，把耦合面选在平面 1 或球透镜中的某个面上对结果并没有影响。习惯上，由于在光纤端面，光纤模场呈现圆形高斯分布，且等相位面曲率半径可视为无穷大，一般把耦合面选在平面 2 上，即光纤端面上。

在理想同轴单球透镜耦合系统中，耦合效率的高低与 LD 特性、球透镜特性、单模光纤特性以及 LD 与球透镜的距离、SMF 与球透镜的距离有关，表 3.3.1 中列出了几个主要的影响因素。

**表 3.3.1    球透镜耦合系统影响因素**

| 影响因素 | 因素细分 | 符号 |
|---|---|---|
| LD 特性 | 出射波长 | $\lambda$ |
| | 发散角 | $\theta_x$、$\theta_y$ |
| 球透镜特性 | 透镜半径 | $r$ |
| | 透镜折射率 | $n_b$ |
| SMF 特性 | 纤芯折射率 | $n_f$ |
| | 模场半径 | $\omega_f$ |
| 位置关系 | 出射端面到球透镜距离 | $z_1$ |
| | 光纤端面到球透镜距离 | $z_2$ |

LD 的光场分布近似为高斯函数分布，如式（3.3.1）所示

$$\Psi(x,y,z)=\frac{\omega_0}{\omega(z)}E_0\exp\left[-\frac{x^2+y^2}{\omega(z)^2}\right]\exp[-i\varphi(x,y,z)] \tag{3.3.1}$$

式中，$\omega_0$ 为高斯光束的束腰半径，$\omega(z)$ 为高斯光束的光斑半径，$\varphi(x,y,z)$ 为高斯光束的相位因子。相位因子中，依次为几何相称、径向相位因子、相对于几何相称的附加相位超前，其中最后一项在光耦合中不发挥作用，一般可省略。

$$\omega(z)=\frac{\sqrt{4z^2+(k\omega_0^2)^2}}{k\omega_0} \tag{3.3.2}$$

$$R(z)=\frac{4z^2+(k\omega_0^2)^2}{4z} \tag{3.3.3}$$

$$\varphi(x,y,z)=k\left[z+\frac{(x^2+y^2)}{2R(z)}\right]-\arctan\left(\frac{\lambda z}{\pi w_0^2}\right) \tag{3.3.4}$$

式中，$R(z)$ 为等相位面曲率半径远场，即 $z$ 趋向于无穷大时，会有

$$\lim_{z\to\infty}\omega(z)=\frac{z\lambda}{\pi\omega_0} \tag{3.3.5}$$

通常以远场发散角 $2\theta$ 来描述高斯光束的发散程度，其半远场发散角为

$$\theta=\arctan\left(\frac{\lambda}{\pi\omega_0}\right) \tag{3.3.6}$$

一般情况下，LD 会给出远场发散角 $2\theta$，可以根据式（3.3.7）计算出该 LD 的束腰半径。

$$\omega_\perp = \frac{\lambda}{\pi \times \tan(\theta_\perp / 2)}$$
$$\omega_{/\!/} = \frac{\lambda}{\pi \times \tan(\theta_{/\!/} / 2)} \tag{3.3.7}$$

球透镜的变换矩阵如式（3.3.8）所示，把耦合系统置于空气中（空气折射率近似为 1），那么 LD 端面与光纤端面之间的传输矩阵可由式（3.3.9）表示，即

$$T_{\text{ball}} = \begin{bmatrix} 1 & 0 \\ \dfrac{1-n}{\rho_1} & n \end{bmatrix} \begin{bmatrix} 1 & 2r \\ 0 & 1 \end{bmatrix} \begin{bmatrix} 1 & 0 \\ \dfrac{n-1}{n\rho_2} & \dfrac{1}{n} \end{bmatrix} = \begin{bmatrix} \dfrac{2}{n}-1 & \dfrac{2r}{n} \\ \dfrac{2(1-n)}{nR} & \dfrac{2}{n}-1 \end{bmatrix} \tag{3.3.8}$$

$$T_{\text{ld-ball-smf}} = \begin{bmatrix} 1 & z_2 \\ 0 & 1 \end{bmatrix} \begin{bmatrix} \dfrac{2}{n}-1 & \dfrac{2r}{n} \\ \dfrac{2(1-n)}{nR} & \dfrac{2}{n}-1 \end{bmatrix} \begin{bmatrix} 1 & z_1 \\ 0 & 1 \end{bmatrix} = \begin{bmatrix} A & B \\ C & D \end{bmatrix} \tag{3.3.9}$$

式中，$A = \dfrac{2}{n} + \dfrac{2z_2(1-n)}{nr} - 1$，$B = \dfrac{2r}{n} + z_2\left(\dfrac{2}{n}-1\right) + z_1\left[\dfrac{2}{n} + \dfrac{2z_2(1-n)}{nr} - 1\right]$，$C = \dfrac{2(1-n)}{nr}$，$D = \dfrac{2}{n} + \dfrac{2z_2(1-n)}{nr} - 1$。

由式（3.3.7），可通过表 3.3.1 中的发散角计算出 LD 的束腰半径 $\omega_{ox}$ 与 $\omega_{oy}$，光束在通过空间传播与球透镜作用后，在光纤端面处光斑半径与等相位面曲率半径分别如式（3.3.10）和式（3.3.11）所示

$$\omega_{\text{end}} = \frac{A^2 \omega_o^4 + B^2 \lambda^2 / \pi^2}{(AD - BC)\omega_o^2} \tag{3.3.10}$$

$$R_{\text{end}} = \frac{A^2 \omega_o^4 + B^2 \lambda^2 / \pi^2}{AC\omega_o^4 + BD\lambda^2 / \pi^2} \tag{3.3.11}$$

式中，把 $\omega_o$ 分别替换为 $\omega_{ox}$ 与 $\omega_{oy}$ 即可得到 $x$ 与 $y$ 两个方向上的光斑半径 $\omega_{ex}$、$\omega_{ey}$ 与等相位面曲率半径 $R_{ex}$、$R_{ey}$。

SMF 的光场分布相较于 LD 的光场分布来说要简单很多，令 $\omega_{ex} = \omega_{ey}$，然后将 LD 的光分布和 SMF 的光场分布进行重叠积分，即可得到理想 LD 和 SMF 通过球透镜耦合的耦合效率，即

$$\eta_z = \frac{4\omega_{ex}\omega_{ey}\omega_f^2}{\sqrt{\left[(\omega_{ex}^2+\omega_f^2)^2+\frac{\pi^2\omega_{ex}^4\omega_f^4}{\lambda^2 R_{ex}^2}\right]\left[(\omega_{ey}^2+\omega_f^2)^2+\frac{\pi^2\omega_{ey}^4\omega_f^4}{\lambda^2 R_{ey}^2}\right]}} \tag{3.3.12}$$

### 3.3.3 对准耦合规律

**1. 球透镜特性对耦合效率的影响**

球透镜特性主要有透镜半径、透镜材料折射率等。如果仅考虑模场之间的耦合效率，则在确定 LD 发散角的条件下，随着球透镜半径的变化，通过调节 $z_1$ 与 $z_2$，可以获得相同的最大耦合效率。如图 3.3.6 所示，第一组 LD 出射光束的发散角为 $\theta_x=38°$，$\theta_y=25°$，球透镜半径在 $250\sim1500\ \mu m$ 内变动，通过 $z_1$ 与 $z_2$ 的变化，都能取得最大耦合效率值 95.3%，且在最大耦合效率值处，$z_1$、$z_2$ 与透镜的半径呈线性相关；第二组发散角为 $\theta_x=35°$，$\theta_y=12°$，在不同球透镜半径下，都可得到 75.0% 的最大耦合效率。

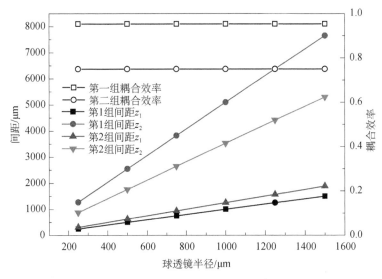

图 3.3.6　球透镜半径对耦合效率的影响

LD 的大发散角意味着传播光束的非傍轴性，对于小像差系统而言，像差对实际耦合效率的影响较小，但对于球透镜这样的大像差系统，模场的耦合效率并不能表征实际的耦合效率，通常球面像差造成的耦合效率损失超过 3 dB。

球透镜的另一个特性折射率在作用上与透镜半径相似，在透镜半径与 LD 发散角确定的情况下，对于不同折射率的介质（常见的球透镜如表 3.3.2 所示），通过调整 $z_1$、$z_2$ 的大小可以获得相同的最大模场耦合效率，如图 3.3.7 所示，在发散角 $\theta_x = 38°$，$\theta_y = 25°$，透镜半径 $r = 750\ \mu\text{m}$ 时，取折射率分别为 1.496、1.775、1.968 的球透镜，模场耦合效率都达到了 95.3%。

表 3.3.2　常见球透镜材料及其折射率

| 玻璃代号 | 折射率 | |
| --- | --- | --- |
| | 1310 nm | 1550 nm |
| MK-07 | 1.496 | 1.453 |
| MK-18 | 1.775 | 1.771 |
| RH-21 | 1.968 | 1.962 |
| BK-7 | 1.504 | 1.500 |
| LaSF015 | 1.780 | 1.775 |

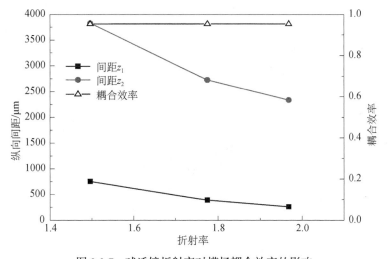

图 3.3.7　球透镜折射率对模场耦合效率的影响

另外，球透镜的折射率会影响介质表面的菲涅耳反射，菲涅耳反射造成的损耗可由式（3.3.13）表示，当选择 MK-07 时，损耗为 3.9%，当选择 RH-21 时，损耗为 10.6%。

$$T_\text{F} = \frac{(n-1)^2}{(n+1)^2} \tag{3.3.13}$$

虽然折射率的增大会造成菲涅耳反射损耗的增加，但是增大球透镜的折射率，有助于减小球透镜的球面像差，因此，在材料的折射率较大时，一般会考虑涂一层抗反射膜，在减小像差的同时保证反射损耗较小。此外，减小球透镜的半径也可以改善单球透镜耦合方式的耦合效率。另外，球透镜主要是通过影响球面像差来影响最后的耦合效率，在透镜特性不同的情况下，可以通过调节 LD 与球透镜的距离 $z_1$、SMF 与球透镜的距离 $z_2$ 来保证模场的匹配。

### 2. 空间位置误差对耦合效率的影响

在光电子器件的封装中，不但耦合效率是一个关注的焦点，器件在生产过程中所允许的容差也是重点。空间位置误差主要包括：纵向间距 $z_1$ 与 $z_2$，相对于光轴的横向偏移以及角度偏差。在光电子器件的耦合对准与封装中，一般球透镜以 TO-CAN 的形式与 LD 封装在一起，因此，更多的是关注于 SMF 与球透镜的间距误差 $d_z$（在下面的分析中 $z_1 = 752\ \mu m$ 固定不变），SMF 的横向偏移 $d_x$、$d_y$，SMF 的角度偏差 $\varphi_x$、$\varphi_y$，由于 SMF 与球透镜的圆对称性，$\varphi_z$ 不需考虑。

仍选取 $\theta_x = 38°$，$\theta_y = 25°$，透镜半径 $r = 750\ \mu m$。当 $n = 1.496$ 时，在理想同轴情况下，最大耦合效率为 95.3%。下面以相对于该效率的损耗为参考量进行研究。存在空间误差时的耦合模型如图 3.3.8 所示。

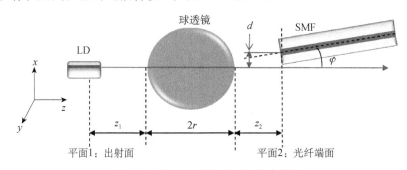

图 3.3.8　存在空间误差时的耦合模型

取最大耦合效率时的 $z_2 = 3828\ \mu m$，以此为基准处令 $d_z = 0$，对 $d_z$ 进行分析。由式（3.3.12）可以得到纵向间距偏移与耦合损耗之间的关系，如图 3.3.9 所示。当 $d_z$ 在 $-50.1 \sim 51.8\ \mu m$ 范围内时，损耗小于 1 dB，即 $d_z$ 的容忍度在 $50\ \mu m$ 左右，容忍度较大。但是，在实际的耦合系统中，由于球面像差的存在，$d_z$ 偏移对耦合损耗的影响比单纯的模场耦合理论的分析要复杂很多。

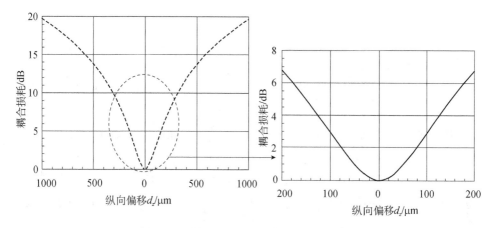

图 3.3.9　纵向间距偏移与耦合损耗的关系

当耦合系统仅存在横向偏移这一项空间位置误差时，LD 发出的光束在光纤端面的场分布可以描述为

$$\psi_{\mathrm{end}}(x,y,z) = A_z \exp\left[-\frac{(x-d_x)^2}{\omega_{\mathrm{ex}}(z)^2} - \frac{(y-d_y)^2}{\omega_{\mathrm{ey}}(z)^2}\right] \exp\left[-\mathrm{i}k\left(\frac{(x-d_x)^2}{2R_{\mathrm{ex}}(z)} + \frac{(y-d_y)^2}{2R_{\mathrm{ey}}(z)}\right)\right]$$

（3.3.14）

对其进行积分计算，得到横向偏移对模场耦合效率影响的因子计算式（3.3.15），此时耦合效率计算式为 $\eta = \eta_z \eta_d$。

$$\eta_d = \exp\left\{-2d_x^2\left[\frac{1}{\omega_{\mathrm{f}}^2} - \frac{\dfrac{1}{\omega_{\mathrm{f}}^4}\left(\dfrac{1}{\omega_{\mathrm{ex}}^2} + \dfrac{1}{\omega_{\mathrm{f}}^2}\right)}{\left(\dfrac{1}{\omega_{\mathrm{ex}}^2} + \dfrac{1}{\omega_{\mathrm{f}}^2}\right)^2 + \dfrac{\pi^2}{\lambda^2 R_{\mathrm{ex}}^2}}\right]\right\} \exp\left\{-2d_y^2\left[\frac{1}{\omega_{\mathrm{f}}^2} - \frac{\dfrac{1}{\omega_{\mathrm{f}}^4}\left(\dfrac{1}{\omega_{\mathrm{ey}}^2} + \dfrac{1}{\omega_{\mathrm{f}}^2}\right)}{\left(\dfrac{1}{\omega_{\mathrm{ey}}^2} + \dfrac{1}{\omega_{\mathrm{f}}^2}\right)^2 + \dfrac{\pi^2}{\lambda^2 R_{\mathrm{ey}}^2}}\right]\right\}$$

（3.3.15）

同理，当耦合系统仅存在角度偏差这一项空间位置误差时，LD 发出的光束在光纤端面的场分布可以描述为

$$\psi_{\mathrm{end}}(x,y,z) = A_z \exp\left[-\left(\frac{x^2}{\omega_{\mathrm{ex}}(z)^2} + \frac{y^2}{\omega_{\mathrm{ey}}(z)^2}\right)\right] \exp\left[-\mathrm{i}k\left(\frac{x^2}{2R_{\mathrm{ex}}(z)} + \frac{y^2}{2R_{\mathrm{ey}}(z)}\right)\right] \exp[\mathrm{i}k(\varphi_x x + \varphi_y y)]$$

（3.3.16）

通过积分，得到角度偏差对模场耦合效率影响的因子计算式（3.3.17）（角度单位为度），此时耦合效率计算式为 $\eta = \eta_z \eta_\varphi$。

$$\eta_\varphi = \exp\left\{-\frac{\varphi_x{}^2\left(\dfrac{\pi^2}{90\lambda}\right)^2}{2}\left[\frac{\left(\dfrac{1}{\omega_{ex}{}^2}+\dfrac{1}{\omega_f{}^2}\right)}{\left(\dfrac{1}{\omega_{ex}{}^2}+\dfrac{1}{\omega_f{}^2}\right)^2+\dfrac{\pi^2}{\lambda^2 R_{ex}{}^2}}\right]\right\}\exp\left\{-\frac{\varphi_y{}^2\left(\dfrac{\pi^2}{90\lambda}\right)^2}{2}\left[\frac{\left(\dfrac{1}{\omega_{ey}{}^2}+\dfrac{1}{\omega_f{}^2}\right)}{\left(\dfrac{1}{\omega_{ey}{}^2}+\dfrac{1}{\omega_f{}^2}\right)^2+\dfrac{\pi^2}{\lambda^2 R_{ey}{}^2}}\right]\right\}$$

（3.3.17）

横向偏移 $d_x$、$d_y$，角度偏差 $\varphi_x$、$\varphi_y$ 与耦合损耗的关系如图 3.3.10 所示。$x$、$y$ 方向的横向偏移容忍度分别为 2.0 μm 与 2.5 μm，角度偏差容忍度分别为 2.81° 与 2.26°。从横向偏移对耦合损耗的影响图 3.3.10（a）、（b）中可以看到，$x$ 方向比 $y$ 方向更加敏感，而在角度偏差上，如图 3.3.10（c）、（d）所示，$y$ 方向比 $x$ 方向更加敏感。

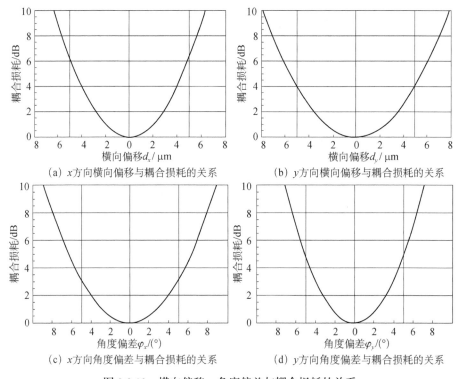

(a) $x$方向横向偏移与耦合损耗的关系　　　　(b) $y$方向横向偏移与耦合损耗的关系

(c) $x$方向角度偏差与耦合损耗的关系　　　　(d) $y$方向角度偏差与耦合损耗的关系

图 3.3.10　横向偏移、角度偏差与耦合损耗的关系

以上考虑的是横向偏移与角度偏差两者只存在一个的情况，更广泛的情况是两者同时存在。此时，不能把这两者的因子简单地相乘，还要考虑由于两者共同作用而产生的一个附加因子，即

$$\eta_{d\varphi} = \exp\left\{2d_x\varphi_x\frac{\pi^2}{90\lambda}\left[\frac{\dfrac{1}{\omega_f^2}\dfrac{\pi}{\lambda R_{ex}}}{\left(\dfrac{1}{\omega_{ex}^2}+\dfrac{1}{\omega_f^2}\right)^2+\dfrac{\pi^2}{\lambda^2 R_{ex}^2}}\right]\right\}\exp\left\{2d_y\varphi_y\frac{\pi^2}{90\lambda}\left[\frac{\dfrac{1}{\omega_f^2}\dfrac{\pi}{\lambda R_{ey}}}{\left(\dfrac{1}{\omega_{ey}^2}+\dfrac{1}{\omega_f^2}\right)^2+\dfrac{\pi^2}{\lambda^2 R_{ey}^2}}\right]\right\}$$

$$（3.3.18）$$

纵向偏移、横向偏移与角度偏差都存在时，模场耦合效率可以由式（3.3.19）表示。此时，相比于只存在横向偏移与角度偏差，当两者同时存在时，只要横向偏移与角度偏差两者间满足一定的关系，耦合损耗就能在 1 dB 以下，对耦合损耗的影响如图 3.3.11 所示。

$$\eta = \eta_z\eta_d\eta_\varphi\eta_{d\varphi} \qquad\qquad （3.3.19）$$

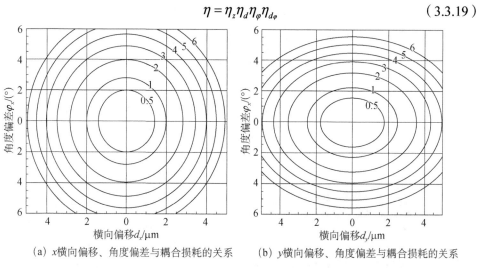

（a）$x$ 横向偏移、角度偏差与耦合损耗的关系　　（b）$y$ 横向偏移、角度偏差与耦合损耗的关系

图 3.3.11　横向偏移与角度偏差同时存在时对耦合效率的影响

### 3.3.4　耦合实验

#### 1. 实验平台与实验组件

针对上述对准耦合中的空间误差，需要五维精密运动平台：对应横向偏移 $d_x$ 与 $d_y$ 的 $x$ 向、$y$ 向直线运动平台，对应角度偏差 $\varphi_x$ 与 $\varphi_y$ 的 $x$ 向、$y$ 向角运动平台、对应纵向偏移 $d_z$ 的 $z$ 向直线运动平台。根据前面空间位置误差对耦合效率的影响规律，耦合效率对 $x$、$y$ 横向偏移的容忍度很严格，因此直线运动平台精度需要达到亚微米；对纵向偏移的容忍度较大，因此其精度可以稍低；在实际运动中，角度的调整往往会引起横向偏移的产生，因此对角运动平台的精

度要求也比较高。此外,实验为有源对准的过程,需要从下夹具处引出 LD 的电连接驱动线路,从上夹具处引出光纤与光功率计连接,整个系统的结构简图如图 3.3.12 所示。

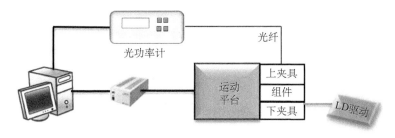

图 3.3.12  LD 与 SMF 对轴原理

在实验研究中,LD 型号选用了 Archcom Technology Inc 的 AC3220 系列,该型号 LD 已经与 TO-CAP 封装,如图 3.3.13(a)所示。该系列 LD 为 1310 nm 波长 Fabry-Perot 腔,激光出射面与球透镜距离 $z_1$ 为 830 μm,球透镜直径 1.5 mm,材质为 MK-07。根据相关参数,经过计算,SMF 与球透镜的距离 $z_2 = 3230$ μm,这一距离决定了管芯座的设计高度,组件外形如图 3.3.13(b)所示,图中一体化组件包括了陶瓷插芯、套筒等。

(a) 实验用带球透镜的LD                    (b) 实验用的组件设计图

图 3.3.13  实验用 LD 与组件

## 2. 实验结果与分析

LD 在电流 $I = I_{th} + 20$ mA 的驱动下,理论上发出的光功率为 5 mW,在实验中,LD 的驱动电流统一设定为 30 mA,因此,各个 LD 之间实际发出的光功率会有差别,但都在 5 mW 上下波动。如图 3.3.14 所示,为实验中对 60 支样品进行光功率搜索所获得的光功率值。实验样品中的光功率值分布在 0.8～1.25 mW 范围内，实际耦合效率在 20% 左右。

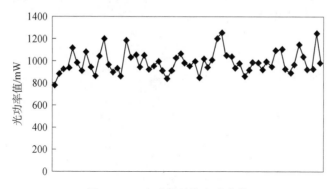

图 3.3.14　实验样品的光功率值

　　在理论分析中，模场的最大耦合效率达到了 92.1%，但由于分立式球透镜球面像差的存在，使其与实际耦合效率相差很大。因此，在定义损耗时，把理论损耗定义为相对于最大模场耦合效率的光功率损失，而把实际损耗定义为相对于每次搜索到的最大耦合效率的光功率损失。

　　纵向偏移对耦合损耗的影响的理论分析结果与实验结果如图 3.3.15 所示。实验中找到最大耦合效率值时，SMF 端面距离球透镜距离一般在 3200～3250 μm 之间，与理论分析基本一致。从图 3.3.15 中可以看出，实际上耦合效率对纵向偏移的容忍度要比理论分析的大，可能是由于像差的存在，使得在理论点前后能获得更大的光功率值。

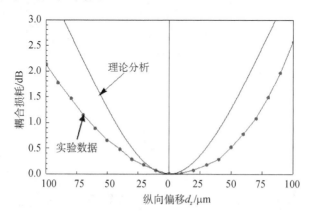

图 3.3.15　纵向偏移对耦合损耗影响的理论与实验对比图

　　$x$、$y$ 直线运动方向并不能表示为 LD 的长、短轴方向，因此，为了获得准确的实验数据，需要在 $xy$ 平面内进行栅格式扫描，以获得长、短轴的方向，然后在这一方向上取出实验数据。横向偏移对耦合损耗的影响如图 3.3.16 所示，实验结果与理论分析相符。

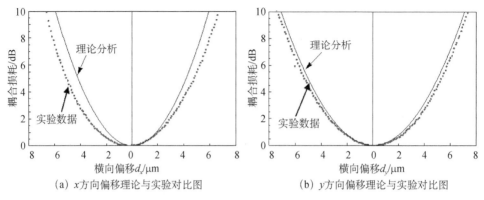

(a) $x$方向偏移理论与实验对比图　　　　(b) $y$方向偏移理论与实验对比图

图 3.3.16　横向偏移对耦合损耗影响的理论与实验对比图

同理，在对角度偏差进行实验时也要考虑方向问题。角度偏差对耦合损耗的影响如图 3.3.17 所示，在 $x$ 方向角度偏差上，实验与理论相符，但在 $y$ 方向的角度偏差上，实验与理论出现了较大的差距，可能是在角度发生偏转的同时，产生了横向的偏移，造成耦合损耗急剧增加。

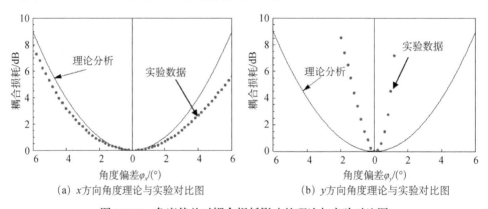

(a) $x$方向角度理论与实验对比图　　　　(b) $y$方向角度理论与实验对比图

图 3.3.17　角度偏差对耦合损耗影响的理论与实验对比图

尽管在 LD 与 SMF 的球透镜耦合中模场的耦合效率可以达到很高，但考虑到球差的影响，耦合效率还是比较低。在对准容差上，对横向偏移，无论是快轴方向还是慢轴方向，容差都达到了 1 μm 以上，甚至接近 2 μm；而在角度偏差的容差上，对角位平台的精度要求也较低，从而可以看出，这种耦合方式在容差上要求并不严格。

### 3.3.5　案例小结

半导体激光器芯片–球透镜–单模光纤耦合是目前常用的耦合方式，分析各参量对耦合效率的影响可以为对准平台设计、有源器件的设计提供理论基础。本案例以单球透镜耦合方式为对象，建立 LD–球透镜–SMF 的耦合模型，基于高斯光束的传播理论与耦合理论，分析了参量对耦合效率的理论影响规律，并进行了对准耦合实验，通过实验进一步研究了耦合规律，以指导半导体激光器芯片与光纤的耦合封装结构设计与优化。

### 3.3.6　案例使用说明

#### 1. 教学目的与用途

半导体激光器是为光纤通信系统提供"源"的核心器件，与光纤的对准是其应用的前提，自光纤通信技术诞生以来，该问题依然是困扰和阻碍光纤通信技术发展的难题之一。本案例通过半导体激光器芯片–球透镜–单模光纤这一耦合形式来展示其中的理论和实现技术，构建半导体激光器芯片–球透镜–单模光纤耦合模型，理论分析和研究透镜结构参数、对准耦合误差等对耦合效率的影响机制和规律，并通过实验进行了验证，让学生了解和掌握半导体激光器的耦合原理，以指导其耦合结构设计、高性能耦合测试与封装。

#### 2. 涉及知识点

半导体激光器、快轴、慢轴、结平面、像差、球透镜、对准耦合、对准误差、耦合效率、重叠积分、高斯光束、横向偏差、角度偏差、模场。

#### 3. 配套教材

[1] 卢胜强. 同轴型半导体激光器封装的耦合模型与规律研究. 长沙：中南大学，2014

[2] Chrostowski L，Hochberg M. Silicon Photonics Design：Form Devices to Systems. Cambridge：Cambridge University Press，2015

[3] 赫罗斯托夫斯基 L，霍克伯格 M. 硅光子设计——从器件到系统. 郑煜，蒋连琼，郜飘飘，等译. 北京：科学出版社，2021

### 4. 启发思考题

（1）点光源和线光源的空间发散角、空间光场分布有何异同？

（2）水平和垂直方向发散角的不同会对光的耦合造成什么影响？解决的办法有哪些？

（3）光以不同入射角度穿越多种介质构成的结构会有何种现象？

### 5. 分析思路

从半导体激光器的发光特性入手，思考半导体激光器的空间光场分布对其与光纤的耦合会产生哪些影响，进而分析其中所存在的关键难题是什么，进而分析半导体激光器与光纤耦合的基本原理，然后给出现有的技术手段和方法。选取球透镜这种最简单和常用的方法来介绍半导体激光器与光纤的耦合的理论和规律，最后通过实验来验证相关的耦合理论和规律。

### 6. 理论依据

见 3.3.2 节和 3.3.3 节介绍。

### 7. 背景信息

见案例 3.3 引言和 3.3.1 节介绍。

### 8. 关键要点

（1）像差给半导体激光器与光纤的耦合带来什么问题？如何解决？

（2）球透镜的传输矩阵如何推广到其他形式的透镜？与光的理论传输有何异同？

（3）球透镜色差对半导体激光器与光纤的耦合有何影响？如何避免或减小？

### 9. 课堂计划建议

| | | |
|---|---|---|
| 课堂时间 90min | 0～10min | 学生围绕"像差"自由讨论，引出半导体激光器的光耦合 |
| | 10～60min | 分别介绍半导体激光器和光纤的空间光场特性，然后基于传输矩阵和重叠积分原理构建半导体激光器芯片-球透镜-光纤光耦合模型，并分析球透镜结构参数、对准偏差对耦合效率的影响规律 |
| | 60～80min | 结合对准耦合规律，给出半导体激光器芯片与光纤对准的耦合容差，并进行实验验证 |
| | 80～90min | 对案例进行总结。布置设计作业：要求学生在一个星期内基于传输矩阵和重叠积分原理构建其他耦合形式的耦合模型，如非球透镜耦合 |

# 参 考 文 献

[1] Tseng Y T，Sung H C. A novel inspection of fiber post-weld-shift in butterfly laser module packaging. IEEE Transactions on Advanced Packaging，2001，28（4）：713-719

[2] Kuang J H，Sheen M T，Wang S C，et al. Post-weld-shift in dual-in-line laser package. IEEE Transactions on Advanced Packaging，2001，24（1）：81-85

[3] 淳静. 光纤有源器件激光焊接封装的关键技术研究. 长沙：国防科学技术大学，2006

[4] 聂刚，李宝红. 半导体激光器到单模光纤的高效耦合技术. 光通信技术，1996，20（2）：161-165

[5] Karstensen H，Drogemuller K. Loss analysis of laser diode to single-mode fiber couplers with glass spheres or silicon plano-convex lenses. Journal of Lightwave Technology，1990，8（5）：739-747

[6] Wagner R E，Tomlinson W J. Coupling efficiency of optics in single-mode fiber components. Applied Optics，1982，21（15）：2671-2688

[7] Lu W L，Zheng Y，Zhao W L，et al. Analysis coupling between a laser and a single-mode fiber with a ball lens based on Monte Carlo method. Laser Technology，2012，36（3）：338-341

[8] Saruwatari M，Sugie T. Efficient laser-diode-single-mode-fibre coupling using two confocal lenses. Electronics Letters，1980，16（25）：955-956

[9] Kawano K，Mitomi O，Saruwatari M. Cobination lens method for coupling a laser diode to a single-mode fiber. Applied Optics，1985，24（7）：984-989

[10] Fadhali M，Zainal J，Munajat Y，et al. Efficient coupling and relaxed alignment tolerances in pigtailing of a laser diode using dual ball lenses. Optik，2009，120（8）：384-389

[11] Yang H M，Chen C T，Ro R，et al. Investigation of the efficient coupling between a highly elliptical Gaussian profile output from a laser diode and a single mode fiber using a hyperbolic-shaped microlens. Optic&Laser Technology，2010，42（6）：918-926

[12] Presby H M，Edwards C A. Near 100% efficient fibre microlenses. Electronics Letters，1992，28（6）：582-584

[13] Lin M C，Yang T C，Fang J H，et al. High-power laser module with high coupling wedge-shaped fiber. Opto-Electronics and Communications Conference，2008 and the 2008 Australian Conference on Optical Fiber Technology，2008：1-2

[14] Yeh S M，Huang S Y，Cheng W H. A new scheme of conical-wedge-shaped fiber endface for coupling between high-power laser diode and single-mode fibers. Journal of Lightwave Technology，2005，23（4）：1781-1786

[15] Keiser G. 光纤通信. 蒲涛，苏洋，译. 北京：电子工业出版社，2012

[16] Hall, R N, Fenner G E, Kingsley J D, et al. Coherent light emission from GaAs junctions. Physical Review Letters, 1962, 9（9）: 366-369

[17] Alferov Z I, Andreev V M, Portnoi E L, et al. AlAs-GaAs heterojunction injection lasers with a low room-temperature threshold. Soviet Physics of Semiconductors, 1970, 3(9): 1107-1110.

[18] Hayashi I, Panish M B, Foy P W, et al. Junction lasers which operate continuously at room temperature. Appl. Phys. Lett., 1970, 17: 109-111

[19] 韩肇邦. 半导体激光器光纤微透镜耦合技术研究. 长春: 长春理工大学, 2008

[20] 卢胜强. 同轴型半导体激光器封装的耦合模型与规律研究. 长沙: 中南大学, 2014

# 案例 3.4  硅基光电子器件异质集成

光电子器件很难在单片上采用同一制造工艺同一材料体系实现集成制造，原因在于集成光路与集成电路的制造材料体系与制造工艺体系并不完全兼容。于是，光电子器件的集成开始走多样化的路线，借鉴集成电路先进的制造技术和封装技术，光电子器件的集成开始向多维度发展和演进。

硅是间接带隙材料，尽管其在光纤通信波段有较低的传输损耗，但其发光效率太低，难以满足要求；在光纤通信波段唯有 InP 材料的激光器才能满足要求。如何将两者有机地结合起来，既能发挥硅电集成电路的优势，同时也能利用 InP 光的优势？自硅基光电子集成技术发展以来，陆续有多种异构集成方案被提出，包括硅上 III-V 族材料集成（III-V Integrated in Silicon）、微转印（Micro Transfer Pringting，μTP）、硅上 InP 薄膜（InP Membrane on Si，IMOS）、混合封装集成等。其中硅上 III-V 族集成工艺已实现商业化代工流片，该工艺由 OpenLigh 和 Tower Semiconductor 共同开发，搭载于 PH18DA 工艺平台。

近 10 年来，硅基集成光电子的关键材料和器件研究引起了科学界和工业界的广泛关注，仅美国 Intel 公司对硅基集成光电子的研发投入就高达数十亿美元。美国国防部高级研究计划局（DARPA）设立"用于通用微尺度光学系统的激光器"（LUMOS）项目，投入 1900 万美元进行硅基异质材料集成光源的研究。日本能源与工业技术发展组织投入 22.5 亿日元用于硅基高亮度、高效率激光器的开发。欧盟"地平线 2020"投入 262 万欧元用于异质硅基光源的开发。在政府的一系列支持和推动下，光电异质集成技术飞速发展，在学术和产业领域均取得了一系列技术突破。

本案例主要是梳理硅基集成光电子路线与主要的技术方案，分析各技术方案的发展现状、技术原理和难点，为硅基集成光电子器件设计、制造和封装提供理论和技术参考。

### 3.4.1　异构集成的提出

集成光路所用材料与其使用的波长范围相关，在光纤通信波段，所用材料为Ⅲ-Ⅴ族的 InP；其制造工艺源于互补金属氧化物半导体（Complementary Metal Oxide Semiconductor，CMOS）工艺，但有其自身的特点，如厚膜、应力敏感等。InP 是直接带隙材料，如图 3.4.1 所示，在光纤通信波段，发光效率高，同时也可实现部分功能集成电路的制造，如放大电路等，但功能集成电路范围有限、成本高等因素限制了基于 InP 的单片集成光电子技术的发展和应用。

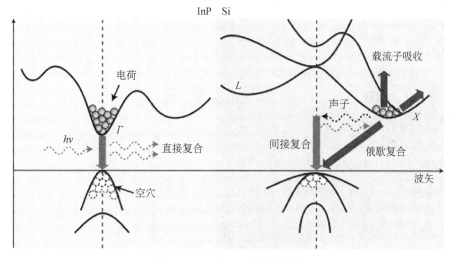

图 3.4.1　Si 和 InP 的能带图

集成电路所用的材料是硅，制造工艺是 COMS 工艺。硅是集成电路广泛使用的材料，基于 CMOS 的集成电路技术已发展至 5 nm 工艺节点，而且 1nm 工艺节点也有望实现突破；晶圆直径已发展至 450 mm（18 寸）。硅材料在光纤通信波段有较低的传输损耗，可以实现光的调制和光的探测，但硅是间接带隙材料，如图 3.4.1 所示，在光纤通信波段发光效率很低，须借助声子才能完成，因此只能通过异构集成（Heterogeneous Integration）的方式将光源引入，如硅上Ⅲ-Ⅴ族材料集成（Ⅲ-Ⅴ Integrated in Silicon）、微转印（Micro Transfer Pringting，μTP）、硅上 InP 薄膜（InP Membrane on Si，IMOS）、混合封装集成等。

### 3.4.2　硅上Ⅲ-Ⅴ族材料集成

硅基集成光电子技术在电信通信和数据通信方面已得到了应用，但还不是真正意义上的集成光电子，主要是激光光源的集成。根据现有技术综合来看，最佳的方法是直接在硅上集成Ⅲ-Ⅴ族材料，以实现高效率发光。目前，有三种方法可以实现这一目标。一种方法是将Ⅲ-Ⅴ族材料晶圆/芯片通过对准键合在硅光子晶圆上，然后在硅光子晶圆上进行规模化制造，如图3.4.2（a）所示。键合方法可以是亲水直接键合、氧等离子体辅助键合、SiO$_2$键合、BCB胶黏接等。SiO$_2$键合需要分别在键合表面沉积一层SiO$_2$，键合后SiO$_2$总厚度必须小于100 nm。键合术于2006年由UCSB的Bowers J教授团队开发，目前可通过Tower的PH18DA制造工艺进行多项目晶圆（MPW）商业流片。胶黏接是采用一种叫BCB（Benzocyclobutene，苯并环丁烯，分子式为C$_8$H$_8$）的特殊固化胶，胶层的厚度必须小于100 nm，该技术于2008年由Ghent大学的Baets R教授团队开发。激光则通过一层薄的低折射率层，即薄SiO$_2$层或薄DVS-BCB胶层，基于消逝场耦合至硅光波导中。DVS-BCB是聚合物，常用作半导体激光器的介电层，此处用于光的传输，由于聚合物的时效性不好，因此基于DVS-BCB键合的光源可靠性相对较差。

早期的硅上Ⅲ-Ⅴ族键合集成采用的是晶圆到晶圆的键合（Wafer to Wafer），对Ⅲ-Ⅴ族材料的浪费较大，现多为芯片到晶圆的键合（Chip to Wafer，从严格意义上来说，还不能称之为芯片，键合之后还需要进一步制造，如刻蚀脊形波导、制作电极等。有研究人员称之为Die或Letchip，亦是如此），根据需要在激光光源的位置进行键合集成，可大幅度减少Ⅲ-Ⅴ族材料的浪费，从而降低成本。硅上Ⅲ-Ⅴ族键合集成也可用于其他功能器件的集成，如将InP材料的调制器和探测器、LiNbO$_3$材料的调制器、YIG材料的隔离器等集成到硅光子晶圆上，以充分发挥各种材料的优异特性，如图3.4.3所示。该方法的缺点也是明显的，即光的耦合效率不高，研究的机构主要有UCSB、Ghent、IMEC、Intel、LETI、COBRA等。

硅上Ⅲ-Ⅴ族材料集成的第二种方法是在硅光子晶圆上直接外延生长Ⅲ-Ⅴ族材料，如图3.4.2（b）所示。通过在已制作好的硅光晶圆上开槽，利用选区外延的方法生长Ⅲ-Ⅴ族材料，随后通过Ⅲ-Ⅴ族工艺制造光源，该种方法是最接近于CMOS集成工艺的异质集成技术。硅是Ⅳ族材料，与Ⅲ-Ⅴ族材料的晶格常数是不匹配的，直接在选区硅上外延生长量子阱InGaAs有源层，界面会存在位错等

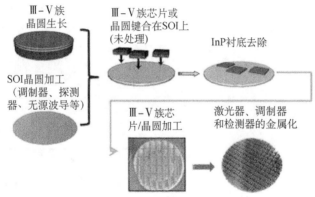

（a）硅上键合Ⅲ-Ⅴ族芯片

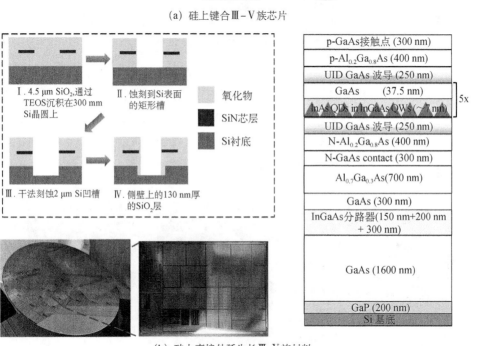

（b）硅上直接外延生长Ⅲ-Ⅴ族材料

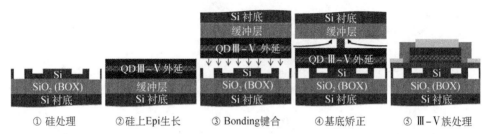

① 硅处理　　②硅上Epi生长　　③ Bonding键合　　④基底矫正　　⑤ Ⅲ-Ⅴ族处理

（c）外延与键合复合

图 3.4.2　硅上Ⅲ-Ⅴ族材料集成技术

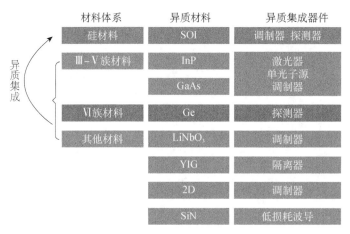

图 3.4.3　异质集成材料体系和器件

缺陷以及较大的内应力，因此需要在选区硅上先生长缓冲层，以匹配硅和Ⅲ-Ⅴ族材料的晶格，缓冲层的加入会增加光耦合结构设计与制造的难度。2017 年 UCSB 的 Bowers J 教授团队在选区上先做出 V 槽图形，然后在其上依次外延缓冲层、N 型 InP 层、InGaAsP 量子阱有源层和 P 型 InP 层，如图 3.4.4 所示，并成功应用于美国制造集成光子研究所（AIM）300 mm 直径的硅光子晶圆上。

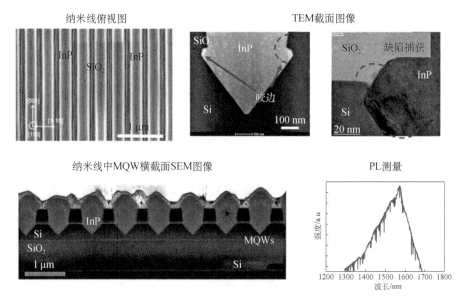

图 3.4.4　V 槽图形上外延生长 InGaAsP 量子阱结构

在硅光子晶圆上直接外延生长Ⅲ-Ⅴ族材料的技术虽然适合晶圆级大规模量产工艺，但对硅基Ⅲ-Ⅴ族外延技术有着很高的材料生长要求，硅与Ⅲ-Ⅴ族晶格、极性和热膨胀系数是不匹配的，晶格失配产生位错、堆叠层错等缺陷以及内应力，极性失配产生大量的反相畴，热膨胀系数失配导致晶圆翘曲和内应力并与晶格失配应力共同作用。另一方面，直接外延生长并制作成的发光结构仍然需要耦合结构将光耦合至硅光子芯片中去，也还是存在耦合效率不高的问题。再者，外延异质异构界面的缺陷、内应力等在高温老化下可能会进一步恶化，降低其可靠性。硅上直接外延生长Ⅲ-Ⅴ族材料技术的研究单位主要有 UCSB、Intel、UCL 等。

硅上Ⅲ-Ⅴ族材料集成的第三种方法是键合与外延复合法，如图 3.4.2（c）所示。第三种方法主要是为了适用晶圆级键合转移激光光源结构，InP 衬底晶圆的直径目前最大的是 6 寸（150 mm），成熟工艺是 2 寸（50 mm）；而硅衬底的直径可达 12 寸（300 mm），甚至是 18 寸（450 mm），目前硅光子成熟工艺是 8 寸（200 mm）；两种衬底晶圆尺寸相差较大，晶圆级键合转移实现起来有些困难，最好是两者尺寸一致。因此在硅上外延生长Ⅲ-Ⅴ族材料，然后转移至同一尺寸的硅光子晶圆上，制造工艺和成本均有较好的优势。该方法是 USCB 的 Bowers J 教授团队于 2009 年在美国国防先期研究计划局（DARPA）微系统技术办公室（MTO）、美国陆军部队研究室（ARL）和 Intel 的资助下开发的。

### 3.4.3　微转印

微转印（μTP）技术是一种先进的微装配技术，可以使数百个小型（最适宜尺寸为亚毫米级）器件在同一时间内精确移动。μTP 技术的最初发明者为伊利诺伊大学厄巴纳-香槟分校（University of Illinois at Urbana-Champaign，UIUC）的 Rogers J 教授，随后在美国塞木普锐斯公司（Semprius）获得进一步发展。

μTP 技术就是使用弹性印模（Stamp）结合高精度运动控制打印头，有选择地拾取（Pick-up）微型器件的大阵列，并将其打印（放置）到替换基板上。首先，在"源"晶圆上制作微型器件（芯片），然后通过移除半导体电路下面的牺牲层获得"释放"。随后，一个微结构弹性印模（与"源"晶圆匹配）被用于拾取微型器件，并将这些微型器件打印（放置）在目标基板上，工艺流程如图 3.4.5 所示。该技术已经在众多"可印刷"微型器件中得到验证，包括激光、LED、太阳能电池和各种 IC 材料（硅、砷化镓、磷化铟、氮化镓以及包括金刚石在内的介电薄膜）的集成电路。该技术是 Micro-LED 巨量转移的三大主流技术之一。

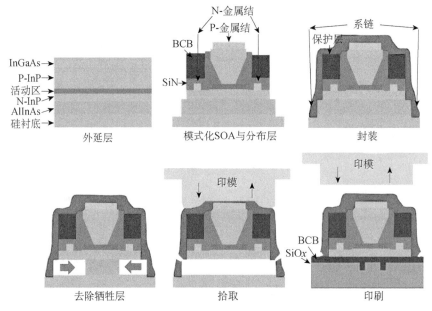

图 3.4.5　μTP 技术工艺流程

μTP 技术综合了倒装键合和芯片到晶员（Chip to Wafer）的优势，该技术于 2012 年由爱尔兰廷德尔国家研究所（Tyndall National Institute）的 Justice J 引入硅基光电子集成制造中，目前可用于激光光源、光放大器转移。

### 3.4.4　硅上 InP 薄膜

硅上 InP 薄膜（Indium-Phosphide Membranes on Silicon，IMOS）类似于 SOI，在 Si 衬底上通过 BCB 键合已预先做好元件结构的 InP 晶圆，然后在 InP 晶圆的背面刻蚀至停止层，然后进行后续结构的制作，最后是开窗露出电极等操作，工艺流程如图 3.4.6 所示。此方法与 3.4.2 节和 3.4.3 节中介绍的方法相比具有较多的优势。首先，光被限制在单一的光学薄膜中，即 InP 材料层中，无须考虑光在垂直方向的耦合问题，仅考虑水平方向耦合即可，无源结构和有源结构之间的耦合问题被大大缓解，同时还减少了与底层硅电路的对齐问题。另外，由于 BCB 材料的应用，硅载体有较大的灵活性，任何表面形态均可以使用，如图 3.4.7 所示。

IMOS 技术于 2018 年在欧洲科学研究委员会高级研究基金（The ERC Advanced Grant）的资助下由埃因霍芬理工大学（Eindhoven University of Technology）的

van der Tol J 教授团队开发。该技术能制造的元件种类较多，有源元件除激光元件之外，还有 SOA（半导体光放大器）、电吸收调制器、光探测器等，以及各类无源元件，如直波导、阵列波导光栅、微环谐振器、方向耦合器、偏振变换器等。

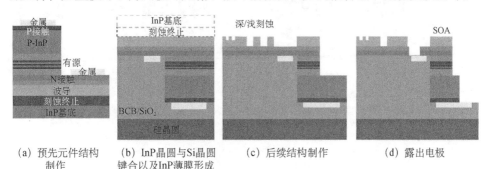

（a）预先元件结构　　（b）InP晶圆与Si晶圆　　（c）后续结构制作　　（d）露出电极
　　　制作　　　　　　键合以及InP薄膜形成

图 3.4.6　硅上 InP 薄膜工艺流程

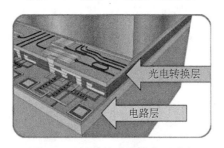

图 3.4.7　灵活的硅载体表面形态

IMOS 技术优点突出，如可大幅减小元件的尺寸，对于宽的可调谐激光器，半导体激光器通常为 200 μm 或更长，但是在 IMOS 中，可以减小到 100 μm 量级。IMOS 技术的缺点也同样突出，如热负载，激光元件和放大器元件会产生大量的热，需要及时带走，否则会影响底层的电回路。

### 3.4.5　混合封装集成

3.4.2～3.4.4 节介绍的均是基于单片的集成，单片集成可以是同种材料集成也可以是异种材料集成，但更多的是异种材料集成，同种材料很难满足光纤通信器件的所有功能需求。混合集成，是通过封装来实现的，因此也称之为混合集成封装，根据封装的维度可分为二维（2D）集成、近三维（2.5D）集成和三维（3D）集成，以光收发器件为例说明，混合封装集成如图 3.4.8 所示。

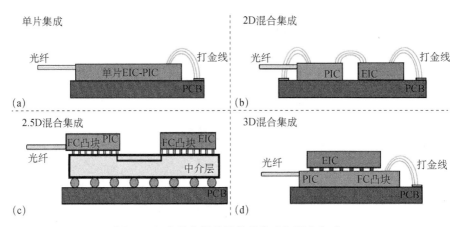

图 3.4.8 光收发器件的单片集成与混合集成

图 3.4.8（b）～（d）也可看作是光收发器件技术的演进，目前用量最大的还是基于分立元件的光收发器器件。单片集成，如 3.4.8（a）所示，是在同一制造工艺同一材料体系下制造而成的，目前来看只有 InP 材料能实现，既可以做激光器类的有源器件，也可以做分路器类的无源器件。但由于 InP 材料的传输损耗相对较大，不是制造无源器件的最佳材料。2D 混合封装集成，如图 3.4.8（b）所示，在 100G 光收发器件封装制造中已广泛应用，光纤与光子芯片的耦合多采用分立元件——透镜进行耦合，电集成芯片主是激光驱动、调制器驱动、跨阻放大器（TIA）、时钟恢复（CDR）等。

随着传输速率和容量的提升，就必须发展 3D 混合封装集成。不过 3D 混合封装集成难度较大，如热隔离、异构异质界面应力等，暂时还存在较大的困难。借鉴微电子先进封装的工艺，在光芯片和电芯片与 PCB 之间增加一个无源中介层（Passive Interposer），且光电芯片在一个面内，无源中介层用于芯片与基板之间的高速信号互连，称为 2.5D 混合封装集成。通过通孔技术，各功能单元的信号可以直接传递到基板，减小了信号的传递距离，并且降低了阻抗；同时该中介层还可以低损耗传输光信号。无源中介层材料要兼顾光信号的低损耗传输，主要有硅（Si）、玻璃（Glass）和氮氧化硅（SiON），其中硅可实现 3D 混合集成，由于热、应力等原因的影响，发展较慢。玻璃作为无源中介层，Corning 给出了其解决方案，如图 3.4.9 所示。相比于硅材料，玻璃的杨氏模量更大，其硬度更大，玻璃的热膨胀系数也可以与 Si 和 PCB 板匹配，减小系统内部的应力，因此玻璃无源中介层可以较好地解决大尺寸芯片的翘曲问题。另一方面，离子交换型光波导的传输损耗都在 0.1 dB/cm 左右，与单模光纤的耦合损耗在 0.3 dB 左右；与硅光子芯片的耦合是基于消逝场耦合原理，损耗在 1.7 dB

左右，有点高，还需要进一步优化。该技术被认为是硅光子 CPO（Co-packaged Optics）的有效解决方案，2022 年 Intel 和 Ayar Lasb 使用 FPGA 与硅光子芯片构成的光 IO 链路，首次验证了 5.12 Tbps 带宽的信号互连，误码率达到了 1 e$^{-11}$，功耗小于 5 pJ/bit。研究该技术的单位主要有 Intel、Corning、Fraunhofer IZM 等。

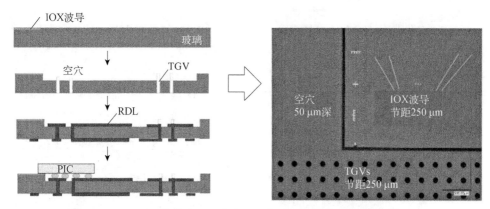

图 3.4.9　Corning 的玻璃无源中介层方案（IOX，离子交换型光波导）

SiON 是介于 SiO$_2$ 和 Si$_3$N$_4$ 之间的一种光波导介质，通过调控氧原子的比例可实现折射率介于 SiO$_2$ 和 Si$_3$N$_4$ 之间，即从 1.4570～2.0395@632.8 nm 连续可调，且光传输损耗也较低。POET 采用 SiON 作为 2.5D 混合封装集成的无源中介层已用于其 100 Gb/s CWDM4 光模块中，方案如图 3.4.10 所示，无源中介层的作用是实现多颗光芯片之间的信号互连。与电信号不同的是，光信号是在水平面内传输，而不是在竖直方向传输。光信号从光纤耦合到无源中介层，进而传输到光芯片中。光芯片与电芯片通过底部的金属线进行信号的互连。无源中介层扮演了两个角色，其一是端面耦合器，将光纤中的光信号耦合到光波导中，其二是波导通道，将光信号传输到特定的功能单元，如图 3.4.11 所示，激光器为专门设计的用于倒装键合封装的 InP 材料激光器。

图 3.4.10　POET 基于 SiON 的无源中介层方案

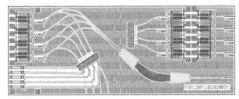

图 3.4.11 POET 的 SiON 无源中介层（左为芯片设计图，右为实物图）

InPhi（2021 年被 Marvell 收购）在 2020 年全球开放计算项目（Open Compute Project，OCP）未来技术研讨会上发布了一款基于硅材料作为无源中介层的 2.5D 混合封装集成的高速光收发器件，如图 3.4.12 所示，跨阻放大器（TIA）、激光驱动电芯片（DRV）和激光器芯片倒装键合在硅无源中介层上，硅无源中介层通过硅通孔（TSV）技术做有连通的电路，实现与 PCB 基板进行高速信号互连。

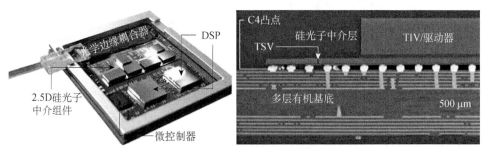

图 3.4.12 InPhi 基于 Si 无源中介层的光收发器件（左为实物图，右为 2.5D 封装细节）

2.5D 混合封装集成是一种折中的技术路线，介于全分立元件方案和全部器件单片集成的方案之间。硅光子芯片不能解决全部问题，使用其他工艺平台的成熟芯片进行封装集成，在现阶段是一个合适的方案，成本与可靠性均可有效保证。

3D 混合封装集成，如图 3.4.7（d）所示，光芯片和电芯片在垂直方向通过凸点进行倒装（Flip Chip）键合封装。原本是希望同微电子 3D 混合封装集成一样，通过凸点倒装键合以实现存储、传感、专用集成电路（ASIC）层叠封装，但由于激光器是发热量较大的芯片，层叠封装散热是一个较大的挑战；另一方面光可能需要在层与层之间耦合，如图 3.4.13 的左图所示，通过 45° 反射镜和垂直耦合光栅实现层之间的耦合，在 InP 激光器芯片的输出部分内部制作 45° 的反射镜难度较高，器件一致性、良率等难以控制。图 3.4.13 的右图给出的是铌酸锂 LN 薄膜（调制器）与硅光子回路基于消逝场的层耦合，异质（材料）异构（功能结构）界面如何实现稳定、一致性的永久键合，难以解决。3D 混合封装集成技术目前发展较为缓慢，研究的单位主要有 UCSB、

UCSD 等。

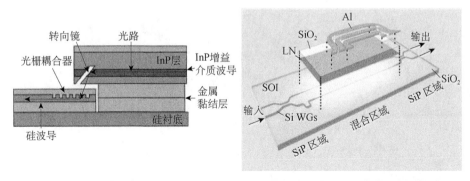

图 3.4.13　3D 混合封装集成应用（左为 InP 激光器集成，右为 LN 薄膜调制器集成）

随着倒装 InP 激光器技术的成熟，现在更多的是倾向于层与层进行直接耦合，图 3.4.14 为格芯在其 300 mm 直径硅光子晶圆上实现的 InP 激光器芯片倒装键合技术方案，该技术方案类似于芯片-晶圆键合技术方案。常见的 InP 激光器芯片的阴极和阳极分别位于其底面和顶面，HHI 设计并制造了两种形式的倒装 InP 激光器芯片，阴阳极异面和阴阳极同面，如图 3.4.15 所示。阴阳极同面的倒装 InP 激光器芯片需将阴极通过通孔的方式引至顶面，光输出端需要做模斑转换和面内斜 8°～9° 处理，然后将其倒扣键合在需要的位置，且需要保证与硅光波导有高的耦合效率；硅光波导耦合端面一般也需做模斑转换结构和面内斜 8°～9° 处理，以减少反射损耗和滤除高阶模式。阴阳极同面的倒装 InP 激光器技术的难度很大，主要是阴极引至顶面会增加其结电容，制造工艺也相对较复杂。倒装 InP 激光器芯片在对准的时候只能是无源对准，很难保证激光器芯片与硅光波导之间高的对准精度。

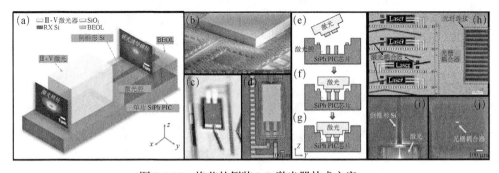

图 3.4.14　格芯的倒装 InP 激光器技术方案

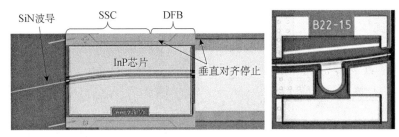

图 3.4.15　HHI 的倒装 InP 激光器技术方案（左为阴阳极异面，右为阴阳极同面）

### 3.4.6　案例小结

光电子集成是光纤通信器件发展的前沿方向，尽管硅材料表现出了很好的集成前景，但由于其间接带隙的特性，在光纤通信波段发光效率较低，不得不借助其他方式以实现高效率的发光。本案例梳理了硅基集成光电子发展的主要路线与主要的技术方案，硅上 III-V 族键合集成、微转印、硅上 InP 薄膜和 2.5D 混合封装集成目前均有商业化的产品，技术门槛均相对较高，国内尚无专门的机构进行研究和开发。本案例分析了各技术方案的发展现状、原理和难点，为硅基集成光电子器件设计、制造和封装提供理论和技术参考。

### 3.4.7　案例使用说明

#### 1．教学目的与用途

本案例的教学目和用途是为了让学生了解和掌握光电子集成发展方向，目前解决的方案是什么，各种解决方案有何缺点以及未来发展趋势，特别是 2.5D 混合封装集成技术的发展和原理，我国在集成电路先进封装领域已取得了很好的成就，借鉴其中的优势技术以突破光电子集成。

#### 2．涉及知识点

直接带隙、间接带隙、异构集成、混合封装集成、微转印、外延、硅上 InP 薄膜、倒装键合、消逝场耦合、无源中介层、氮氧化硅、芯片-晶圆键合、晶圆-晶圆键合、量子阱、分立元件、层叠封装。

#### 3．配套教材

[1] 周治平. 硅基光电子学. 北京：北京大学出版社，2012

［2］Chrostowski L，Hochberg M. Silicon Photonics Design：Form Devices to Systems. Cambridge：Cambridge University Press，2015

［3］赫罗斯托夫斯基 L，霍克伯格 M. 硅光子设计——从器件到系统. 郑煜，蒋连琼，郜飘飘，等译. 北京：科学出版社，2021

### 4. 启发思考题

（1）智能腕表中是如何实现众多功能芯片，如温度传感器、心率传感器、加速度传感器、陀螺仪、环境光传感器、高度计等检测与驱动芯片，以及 ASIC、电源芯片等的封装的？

（2）既然有了回路（电或光）集成技术，为什么还需要发展封装集成技术？两者的区别有哪些？对光芯片的设计有哪些参考意义？

（3）芯片层叠封装中，所产生的热量如何散失？若不及时散失会造成哪些危害？

### 5. 分析思路

首先给学生播放某品牌最新一代腕表的拆解视频，让学生对微电子先进封装有一个整体的直观印象，然后进行讨论，如何实现电互连和热散失。然后给学生展示 2021 年 Intel 在全球 OFC（Optical Fiber Communication）上推出业界首个基于硅光子的共封装（Co-Packaged Optics，CPO）12.8 Tbps 可编程光开关。根据光电子常用材料的固有特性分析异构集成是如何被提出来的，主要用来解决哪些问题。然后介绍硅基集成光电子发展的主要路线与主要技术方案，重点分析硅上Ⅲ-Ⅴ族键合集成、微转印、硅上 InP 薄膜和 2.5D 混合封装集成技术。最后总结并给出 3D 混合封装集成技术的可行性和相关技术难点。

### 6. 理论依据

见 3.4.2～3.4.5 节的介绍。

### 7. 背景信息

见案例 3.4 引言和 3.4.1 节介绍。

### 8. 关键要点

（1）硅上Ⅲ-Ⅴ族材料键合集成技术。

（2）微转印（μTP）技术。

（3）硅上 InP 薄膜技术。

（4）2.5D 混合封装集成技术。

## 9. 课堂计划建议

| 课堂时间 90min | 0～10min | 学生观看某品牌最新一代腕表的拆解视频和 Intel 的基于硅光子 CPO 的 12.8Tbps 可编程光开关，并就其中的相关技术进行自由讨论 |
| --- | --- | --- |
| | 10～30min | 硅上 III-V 族材料键合集成技术 |
| | 30～50min | 微转印（μTP）技术 |
| | 50～60min | 硅上 InP 薄膜技术 |
| | 60～80min | 2.5D 混合封装集成技术 |
| | 80～90min | 总结。布置文献调研和分析报告作业：要求学生在一个星期内查阅混合封装集成技术相关资料，撰写一篇关于 3D 封装集成技术的可行性与技术难题报告 |

# 参 考 文 献

[1] Kaminow I P. Optical integrated circuits：A personal perspective. Journal of Lightwave Technology，2008，26（9）：994-1004

[2] Wada O，Sakurai T，Nakagami T. Recent progress in optoelectronic integrated circuits（OEICs）. IEEE Journal of Quantum Electronics，1986，22（6）：805-823

[3] Koch T L，Koren U. Semiconductor photonic integrated circuits. IEEE Journal of Quantum Electronics，1991，27（3）：641-653

[4] Jalali B，Pathpour S. Silicon photonics. Journal of Lightwave Technology，2006，24（12）：4600-4615

[5] Liang D，Bowers J E. Recent progress in lasers on silicon. Nature Photonics，2010，4：511-517

[6] Rumpler J J，Fonstad C G. Continuous-wave electrically pumped 1.55-μm edge-emitting platelet ridge laser diodes on silicon. IEEE Photonics Technology Letters，2009，21（13）：827-829

[7] Fang A W，Park H，Cohen O，et al. Electrically pumped hybrid AlGaInAs-silicon evanescent laser. Optics Express，2006，14（20）：9203-9210

[8] Van Campenhout J，Rojo-Romeo P，Regreny P，et al. Electrically pumped InP-based microdisk lasers integrated with a nanophotonic silicon-on-insulator waveguide circuit. Optics Express，2007，15（11）：6744-6749

[9] Kopp C，Bernabe S，Bakir B B，et al. Silicon photonic circuits：On-CMOS integration, fiber optical coupling，and Packaging. IEEE Journal of Selected Topics in Quantum

Electronics, 2011, 17（3）: 498−509

[10] Arafin S, Coldren L A. Advanced InP photonic integrated circuits for communication and sensing. IEEE Journal of Selected Topics in Quantum Electronics, 2018, 24（1）: 6100612

[11] Roelkens G, Abassi A, Cardile P, et al. III-V-on-silicon photonic devices for optical communication and sensing. Photonics, 2015, 2（3）: 969−1004

[12] Wang S Y, Liu X X, Xu M S, et al. Two-dimensional devices and integration towards the silicon lines. Nature Materials, 2022, doi.org/10.1038/s41563-022-01383-2

[13] Margalit N, Xiang C, Bowers S M. Perspective on the future of silicon photonics and electronics. Applied Physics Letters, 2021, 118: 220501

[14] Liu D S, Wu J, Xu H, et al. Emerging light-emitting materials for photonic integration. Advanced Materials, 2021, 33（4）: 2003733

[15] Nagarajan R, Ding L, Coccioli R, et al. 2.5D heterogeneous integration for silicon photonics engines in optical transceivers. IEEE Journal of Selected Topics in Quantum Electronics, 2022, 10.1109/JSTQE.2022.3214418

[16] Justice J, Bower C, Meitl M, et al. Wafer-scale integration of group III-V lasers on silicon using transfer printing of epitaxial layers. Nature Photonics, 2012, 6（9）: 612−616

[17] van der Tol J. Jiao Y, Van Engelen J, et al. InP membrane on silicon（IMOS）photonics. IEEE Journal of Quantum Electronics, 2020, 56（1）: 6300107

[18] van der Tol J, Jiao Y, Shen L, et al. Indium phosphide integrated photonics in membranes. IEEE Journal of Selected Topics in Quantum Electronics, 2018, 24（1）: 6100809

[19] van der Tol J, Pello J, Bhat S, et al. Photonic integration in indium-phosphide membranes on silicon（IMOS）. SPIE, 2014: 8988

[20] Jiao Y, van der Tol J, Pogoretskii V, et al. Indium phosphide membrane nanophotonic integrated circuits on silicon. Physica Status Solidi（A）Applications and Materials, 2020, 217（3）: 1900606

# 案例 3.5　无源光电子器件可靠性测试

可靠性是光电子器件的重要技术指标，是衡量其使用寿命和提升产品竞争力的关键因素。许多同类产品性能和质量的差距，有时往往不在性能指标上，而在产品的可靠性问题上，这一点在国内外光电子器件上表现得非常明显。光电子器件应用广泛，需要适用不同的工作环境，如高温高湿等，会影响光电子器件的可靠性，甚至造成失效。可靠性一方面是评估光电子器件完成规定功能和（或）规定性能、特性的能力，另一方面也用于光电子器件的质量考核，以指导光电子器件的设计、制造、测试和封装。

光电子器件分为有源光电子器件和无源光电子器件两大类，有源光电子器件是将电信号转换成光信号或将光信号转换成电信号的器件，需要外加能源驱动工作，包括半导体光源（LD、LED、DFB、VCSEL 等）、光探测器（PD、PIN、APD）、光纤激光器（OFL）、光放大器（SOA、EDFA）、光调制器（EA）等。无源光电子器件是光通信系统中需要消耗一定的能量、具有一定功能而没有光电或电光转换的器件，不需要外加能源驱动工作，包括光纤连接器、光纤耦合器、波分复用器、光开关、光滤波器、光衰减器、光隔离器与环形器等。有源光电子器件可靠性测试标准比无源光电子器件可靠性测试标准更多、更广、更严。

本案例以平面光波导分路器的温湿度可靠性实验来说明无源光电子器件温湿度循环和跌落可靠性测试的规范和过程。平面光波导分路器在案例 1.2 中有详细介绍，本案例不再对其工作原理等相关理论做介绍。

### 3.5.1　无源光电子器件可靠性测试简介

无源光电子器件可靠性需要测试的项目主要有三类，即物理特性测试（包括内部水汽、密封性（前 2 项是有密封要求的）、可燃性和剪切力）、机械完整性测试（包括机械冲击、变频振动、热冲击、插拔耐久性、存储试验、温度循环、恒定湿热和高温寿命）和加速老化试验（包括高温加速老化、恒温试验、变温试验和温度循环）。无源光电子器件可靠性测试标准是基于美国军标 MIL-STD-883 建立起来的 Telcordia GR-1209/GR-1221（以下简称 GR-1209/GR-1221）行业通用标准，我国也有相应的国家标准，如 GB/T 33768—2017《通信用光电子器件可靠性试验方法》、GB/T 20440—2006《密集波分复用器/解复用器技术条件》、GB/T 28511.1—2012《平面光波导集成光路器件 第 1 部分：基于平面光波导（PLC）的光功率分路器》等。国标主要参考了 MIL-STD-883、GR-1209/GR-1221 等国际行业标准。

机械和光学性能可靠性是平面光波导分路器可靠性研究的重点关注方面，常用的机械冲击试验有机械冲击试验、机械振动试验、拉伸强度试验等，环境试验有温度循环试验、高温或低温存储试验、热冲击试验、热湿试验等。一般说来，产品的失效率和时间的关系可以用"浴盆曲线"来描述，存在早期失效、偶然失效和耗损失效三个阶段。早期失效发生在产品运行的初期，如果在初期进行有效的筛查，早期失效可以忽略不计。偶然失效发生在设备稳定运行的阶段，失效率是恒定常数，因为偶然失效的发生与运行时间无关，通常是由材料缺陷、设计不合理、产品使用不当或者工作环境劣化导致的。耗损失效则是由于使用时间过长，导致器件因疲劳、材料老化等逐渐加剧失效，从而导致产品失效率增加。其中，偶然失效和耗损失效是不可互换的，它们是由不同原因导致的失效，代表着可靠性不同的衡量标志。

初期有效的筛查可以有效避免早期失效，因此实际使用中，无源光电子器件的总失效率可以认为是偶然失效率和耗损失效率之和，需要重点关注偶然失效和耗损失效阶段，考虑封装材料和结构以及恶劣的工作环境，包括高温、低温、高湿度、机械振动和跌落冲击等对无源光电子器件可靠性的影响。

### 3.5.2　可靠性标准与抽样

表 3.5.1 是 GR-1209 标准和 GR-1221 标准的对比，从表中信息可知 GR-1221 标准较 GR-1209 标准更为严格，不仅多了热冲击、高温存储、低温存储测试，而且部分测试项目的测试时间或次数增加了许多，如湿热测试从 336h 增加到了 2000h，且温湿度条件也有改变，温度从 85℃降低为 75℃，湿度从 85%增加到 90%；机械振动频率从 10～55Hz 改为 20～2000Hz，且同时增加了加速度 20g 的要求。GR-1221 标准较 GR-1209 标准少了浸水测试和拉伸测试，机械冲击测试中，每个轴跌落次数从 8 次减为 5 次。

表 3.5.1　GR-1209 标准和 GR-1221 标准对比

| 测试类型 | GR-1209 标准 | GR-1221 标准 |
|---|---|---|
| 热冲击 | 无 | $\Delta T$=100℃，15 次循环 |
| 高温存储 | 无 | 85℃，<40%RH，2000h |
| 湿热测试 | 85℃，85%RH，336h | 75℃，90%RH，2000h |
| 低温存储 | 无 | −40℃，2000h |
| 浸水测试 | 43℃，168h | 无 |
| 温度循环 | −40～70℃，1℃/min，保持时间至少 15min，100 次循环 | 相同 |
| 温度湿度循环 | −40～75℃，1℃/min，42 次循环 | −40～75℃，75℃时湿度为 85%～95%RH，2℃/min，保持时间 4～16h，5 次循环 |
| 机械振动 | 10～55Hz，每个轴向方向振动 2h | 20～2000Hz，20g 加速度，每个轴向方向四次循环，每个循环 4min |
| 机械冲击 | 1.8m 高度跌落，每个轴向方向重复 8 次 | 1.8m 高度跌落，每个轴向方向重复 5 次 |
| 拉伸试验 | 5N 拉力保持 1min | 无 |

可靠性测试需要对产品进行抽样,工业界常用的抽样检测方案有可接受质量标准(Acceptable Quality Limit,AQL)抽样方案和批允许不良率(Lot Tolerance Percent Defective,LTPD)抽样方案。本案例主要考虑用户利益,因此选用 LTPD 抽样方案。LTPD 值为批允许不良率,是指产品被检测合格接受时所能容忍的最大失效率。一般对于生产不稳定或对孤立批进行检测时选择 LTPD 抽样方法。生产不稳定是指产品的质量受到多种因素影响,并且质量受这些因素影响波动较大。所谓孤立批是指孤立提交检查的批,与连续批相对而言。因为光电子器件可靠性检测具有破坏性并且检测成本高,限于人力、物力和时间不可能做大量测试。实际做法是从产品中进行抽样测试分析,通过对样品数据的分析对总体产品质量作出合理的估计。又因为在无源光电子器件生产过程中,影响产品质量的因素众多,且难以控制,只要其中某一种或某几种因素发生变化,都会导致产品质量下降,生产具有不稳定性。所以在光学器件的抽样检测中,LTPD 抽样方案被广泛使用。

设被接受的产品最大失效率为 LTPD,其对应的接受率为 $\beta$。一般只有在批质量下降到一定程度时如此考虑才有意义,通过对产品的质量下限 LTPD 进行验证,以达到保护产品质量的目的。LTPD 的实质就是在确定产品的接受率 $\beta$ 和失效率 LTPD 的前提下,确定抽样数 $n$ 和能接受的最大失效数 $c$。若抽样检测分析得到的产品总体失效率大于 LTPD,那么产品被接受的概率小于 $\beta$,产品被拒绝的概率大于 $1-\beta$。一般情况,设定 $\beta=10\%$,如果样品检测的失效样品个数大于 LTPD 失效率下可接受的最大失效数 $c$,那么就有至少 90%的信心说产品会被拒绝,或者说至多有 10%的信心认为产品会被接受。换一种说法,如果样品的质量优于 LTPD 的标准,则有 90%的信心认为产品总体的失效率小于 LTPD。表 3.5.2 是 LTPD 的抽样表。

表 3.5.2　LTPD 抽样表

| LTPD/% | 50 | 30 | 20 | 15 | 10 | 7 | 5 | 3 | 2 | 1.5 |
|---|---|---|---|---|---|---|---|---|---|---|
| 可接受的个数 | 最小样品数量 | | | | | | | | | |
| 0 | 5 | 8 | 11 | 15 | 22 | 32 | 45 | 76 | 116 | 153 |
| 1 | 8 | 13 | 18 | 25 | 38 | 55 | 77 | 129 | 195 | 258 |
| 2 | 11 | 18 | 25 | 34 | 52 | 75 | 105 | 176 | 266 | 354 |
| 3 | 13 | 22 | 32 | 43 | 65 | 94 | 132 | 221 | 333 | 444 |
| 4 | 16 | 27 | 38 | 52 | 78 | 113 | 158 | 265 | 398 | 531 |
| 5 | 19 | 31 | 45 | 60 | 91 | 131 | 184 | 308 | 462 | 617 |
| 6 | 21 | 35 | 51 | 68 | 104 | 149 | 209 | 349 | 528 | 700 |

续表

| LTPD/% | 50 | 30 | 20 | 15 | 10 | 7 | 5 | 3 | 2 | 1.5 |
|---|---|---|---|---|---|---|---|---|---|---|
| 可接受的个数 | 最小样品数量 | | | | | | | | | |
| 7 | 24 | 39 | 57 | 77 | 116 | 166 | 234 | 390 | 589 | 783 |
| 8 | 26 | 43 | 63 | 85 | 126 | 184 | 258 | 431 | 648 | 864 |
| 9 | 28 | 47 | 69 | 93 | 140 | 201 | 282 | 471 | 709 | 945 |
| 10 | 31 | 51 | 75 | 100 | 152 | 218 | 306 | 511 | 770 | 1025 |

对于光分路器，设定可接受的最大失效概率为 20%，则 LTPD=20%，从表 3.5.2 中可知，如果只抽 18 个样品，若样品的失效数小于等于 1，则有 90% 的信心说这一批光分路器的失效比例小于 20%，即可以判定此批产品为符合检测要求的合格产品。

### 3.5.3　温湿度循环测试

环境、机械、光学性能可靠性是平面光波导分路器应用的前提。实际使用过程中，从寒冷地区到热带地区，气候环境变化巨大，温度和湿度差异非常大，因此平面光波导分路器需要面对复杂的温湿度环境冲击。目前现有的温湿度可靠性测试均只考虑温湿度实验后常温状态下器件的性能评估，忽略了温湿度对于器件实时性能的影响。对平面光波导分路器的评价，不能仅评价静态温度下的工作状态，而应该考虑全局温度对器件光学性能的影响。

#### 1. 测试方案

目前针对无源器件的温湿度循环测试主要参照两个标准，GR-1209 和 GR-1221。这两种标准的测试方法均是将器件放入温湿度箱中保持一段时间后，取出，在常温下测试，只能反映器件加速老化的程度，不能反馈具体温湿度环境下器件实时工作的性能，因此将对其进行改进，使其满足器件在线测试的需要。GR-1221 中的温湿度测试是基于 MIL-STD-883 Method 1004 的测试标准，适用于在不受控制环境下工作的无源器件可靠性测试。具体温湿度循环见图 3.5.1。高温保持时间可以是 3～16h，这里取 10h。因此进行一次高低温循环需要 72h，按照标准需要进行 5 次完整循环，共 360h。

根据 GR-1209—2010，温湿度循环测试分为两种情况，分别针对受控制环境和不受控制环境下工作的器件。受控制环境下工作的器件的测试要求相对宽松，温度从 60℃到−10℃进行循环。不受控制环境下工作的器件的测试要求相比之下更为严格，温度从 85℃到−40℃进行循环，但是相比 GR-1221 要求的高温高湿（75℃/90%RH），GR-1209 采用的是低温高湿（23℃/85%RH）到高温低湿（85℃/20%RH）的循环测试模式，详见图 3.5.2。按照 GR-1209 的标准，高温保持时间至少 1h，温度上升速率控制在 1℃/min，温度测试点选择为（23℃/85℃和−40℃），每次测试时器件都需要在相应温度点保持超过 0.5h。所以一个高低温循环需要时间至少 8h，进行 42 次循环，总时间至少 336h。

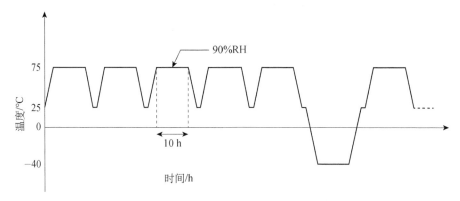

图 3.5.1　GR-1221 温湿度循环测试曲线

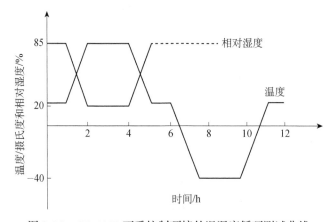

图 3.5.2　GR-1209 不受控制环境的温湿度循环测试曲线

可以考虑综合 GR-1221 和 GR-1209 的测试方法，如图 3.5.3 所示，由于高低温循环试验箱达不到低温高湿，所以采用高温高湿（75℃/90%RH），保持 10h，低温时不对湿度进行控制。同时采用高低温交替循环的方法，温度上升速率控制在约 1℃/min，常温保持约 0.5h。一个循环大约耗时 24h。综合要求总时间要达到 340～360h，所以进行 15 个完整循环。

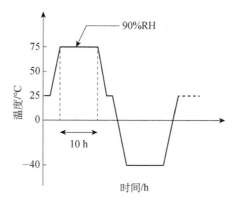

图 3.5.3　本案例采用的温湿度循环测试曲线

## 2. 测试结果及分析

根据 LTPD 抽样方案从 A 公司生产的一批产品中随机抽取 18 个样品，对这批样品进行温湿度循环测试。在这批样品中随机抽取一个器件，此器件出厂编号为 18，对其 8 个端口进行在线测试。在线测试的数据采样方法为：在升温和降温过程中每隔 10min 读取一次数据；在温度保持过程中，每隔 1h 读取一次数据。如图 3.5.4 所示，绘制出第一次温湿度循环波长为 1550 nm 时器件的插入损耗改变图。器件的 8 个端口插入损耗变化具有一致性，在高温和低温时，器件的插入损耗均出现正向增加，但都没有超过 0.5 dB，也就是说没有出现失效现象。其中，端口 4 和 8 在−40 ℃低温时的插入损耗与 75 ℃高温时相比有明显增加，插入损耗改变量达到 0.35 dB。在高温保持过程中，器件端口的最大插入损耗均出现在保持 1h 的时候，随后略有下降，接下来的保持过程中变化不大。

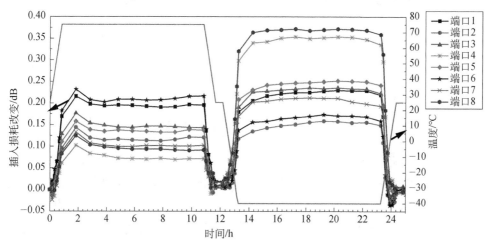

图 3.5.4　第一次温湿度循环波长为 1550 nm 时器件的插入损耗改变量

图 3.5.5 给出的是从 25℃到 75℃的升温过程中,波长为 1550 nm 时器件的插入损耗改变量。温度的上升速率为 1℃/min,整个升温过程耗时 50 min。由图 3.5.5 可知,从 55℃开始,器件的插入损耗开始明显增加,并且随着温度的升高呈线性增加。图 3.5.6 显示的是从 25℃到-40℃降温过程中波长为 1550 nm 时器件的插入损耗改变量。温度的下降速率为 1℃/min,整个降温过程耗时 65 min。从-5℃开始,器件的插入损耗开始明显增加,并且随着温度的降低插入损耗的增速变大。图 3.5.7 描述的是第一次温湿度循环波长为 1550 nm 时器件的偏振相关损耗改变量。从图 3.5.7 中可知,器件的偏振相关损耗与温度有关,与常温状态相比,偏振相关损耗在高温和低温状态下有所改变,有的端口正向增加,有的负向减小,但是改变量不大,均小于 0.04 dB。端口 4 在温度达到-40℃时偏振相关损耗较其他端口升高较多,偏振相关损耗增加量为 0.035 dB,而其余端口偏振相关损耗改变量均小于 0.02 dB。

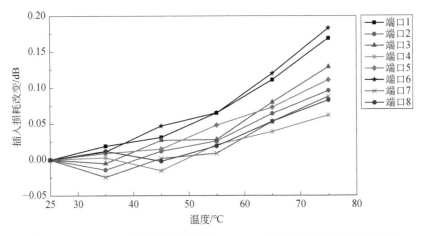

图 3.5.5　25~75℃升温过程中波长为 1550 nm 时器件的插入损耗改变量

本次实验一共进行了 15 次循环,每次循环都会在 75℃/90%RH 和-40℃保持 10h,在温度保持的 10h 时间内,每隔 1h 进行一次测试,选取每次循环测试结果的最大值绘制 15 次循环的插入损耗变化曲线图。温度为 75℃、波长为 1550 nm 时的插入损耗改变量如图 3.5.8 所示,温度为 75℃、波长为 1550 nm 时的偏振相关损耗改变量如图 3.5.9 所示。15 次循环中,器件在 75℃时的插入损耗都是正向增加的,且所有端口的插入损耗变化具有一致性;器件的最大插入损耗出现在第 12 次循环,其中端口 3 的插入损耗改变量最大,达到 0.472 dB,依然小于 0.5 dB,说明器件没有失效;第 10、11 和 12 次循环与其他循环相比,器件的插入损耗改变量增加明显,最大值均达到 0.35 dB 以上。器件的最小插入损耗出现

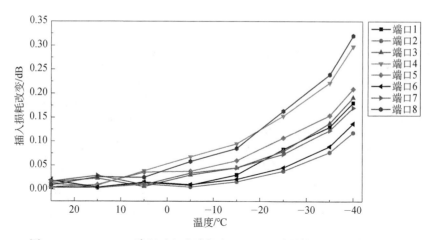

图 3.5.6　25～−40℃降温过程中波长为 1550 nm 时器件的插入损耗改变量

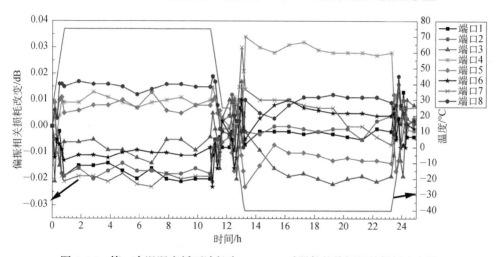

图 3.5.7　第一次温湿度循环波长为 1550 nm 时器件的偏振相关损耗改变量

在第 5 次循环，改变量小于 0.15 dB。其余循环中，器件的插入损耗改变量变化不大。器件的偏振相关损耗改变量在 15 次循环中都没有较大变化，如图 3.5.9 所示，改变量小于 0.04 dB，说明高温状态器件的偏振相关损耗不明显。

　　图 3.5.10 显示的是−40℃波长为 1550 nm 时器件的插入损耗改变量，器件的插入损耗在第 13 次循环时达到最大，其中端口 8 的插入损耗改变量最大，达到 0.486 dB，小于 0.5 dB，也就是说器件光学性能没有失效。器件在第 1 次循环和第 13 次循环检测得到的插入损耗变化量明显大于其他循环，最大值均高于 0.35 dB。第 1 次循环到第 4 次循环插入损耗呈递减趋势，第 4 次到第 12 次循环插入损耗变化不大。

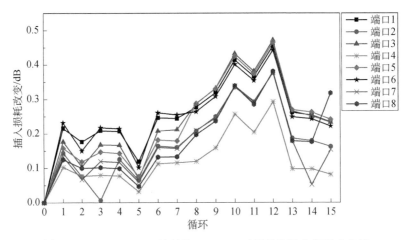

图 3.5.8　75℃/90%RH 波长为 1550 nm 时器件的插入损耗改变量

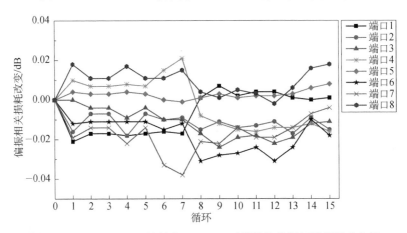

图 3.5.9　75℃/90%RH 波长为 1550 nm 时器件的偏振相关损耗改变量

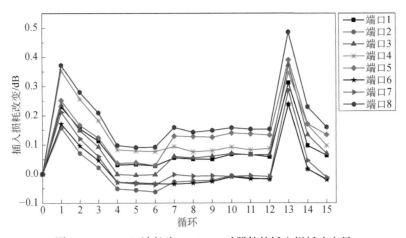

图 3.5.10　−40℃波长为 1550 nm 时器件的插入损耗改变量

图 3.5.11 显示的是-40℃波长为 1550 nm 时器件的偏振相关损耗改变量。从总体上看，-40℃时的偏振相关损耗改变量比 75℃时的偏振相关损耗改变量略大，但不超过 0.06 dB，对于器件光学性能的影响不大。第 13 次循环，器件的偏振相关损耗改变量最大，端口 1 的偏振相关损耗改变量达到 0.051 dB。

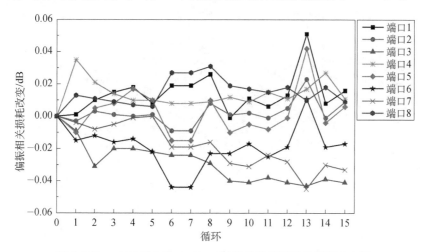

图 3.5.11　-40℃波长为 1550nm 时器件的偏振相关损耗改变量

实验结束后，对于所有 18 个样品进行检测，发现其中一些样品发生了封装失效。本次实验的失效主要表现为以下几种形式：第一类失效，器件的某些端口发生光学性能失效，插入损耗改变超过 0.5 dB；第二类失效，封装保护壳一端的光纤保护套脱落；第三类失效，密封用的橡胶塞脱落，光纤断裂。如图 3.5.12 所示是器件的第二类失效，从图中可以看到约有 2 cm 长的光纤裸露在外，光纤保护套与分路器保护壳脱离。经过测试器件的光学性能没有失效，但是封装发生了损伤性失效，光纤极易折断。这种失效是多种因素综合造成的，主要与光纤阵列的固定、密封剂的质量以及胶水固化工艺有关。

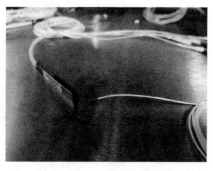

图 3.5.12　光纤保护套脱落导致的失效

如图 3.5.13 所示是本次实验出现的器件的第三类失效，图 3.5.13（a）所示的是输出端的密封橡胶塞脱落，图 3.5.13（b）是输入端的密封橡胶塞脱落，并且光纤折断。这类失效较为严重，密封塞脱落导致大量水汽进入封装保护壳内部，加速器件失效，且输入端光纤极易折断。这种失效主要是密封胶不合格所致，其玻璃化转变温度较低，且抗潮能力差，在高温高湿的环境下极易失效。

 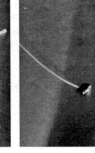

(a) 光纤输出端密封橡胶塞脱落          (b) 光纤输入端密封橡胶塞脱落

图 3.5.13　器件的第三类失效

图 3.5.14 给出了本次实验的检测结果，仅有 5 个器件符合测试要求，因此本批样品属于不合格产品。需要对产品的封装工艺进行改进，尤其是密封胶的选用，从图 3.5.15 中可以看到密封胶出现了液化，黏度下降，因此需要选用高玻璃化转变温度且具有较好抗湿能力的密封胶。

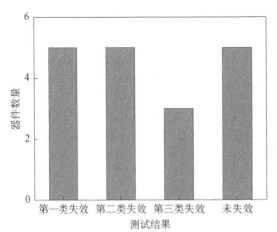 

图 3.5.14　18个样品的测试结果统计          图 3.5.15　密封胶液化

### 3.5.4　跌落测试

平面光波导分路器广泛应用于数据通信基础设施的建设，产品在全球的流通范围和流通数量快速增加，在仓储、运输、安装的过程中，产品意外跌落会对器件造成较大的机械冲击，是造成器件损坏的重要因素。一些安装于室外的平面光波导分路器，受到的环境压力和机械冲击更大，常常需要承受极端天气条件的考验，大风天气下，一些器件可能因为固定松动而跌落地面，从而造成损坏无法正常工作。因此，有必要通过跌落可靠性在线测试，研究跌落冲击对于平面光波导分路器插入损耗的影响。

#### 1. 测试方案

根据 GR-1221-CORE 标准，对器件进行机械冲击测试的方法是基于标准 MIL-STD-883，在该标准中，器件受到机械冲击后，如果插入损耗改变大于 0.5 dB，则判定为失效。GR-1221-CORE 中还收录了电信工业界的另一种测试标准，该标准更为严格，如果器件受到机械冲击后测试到的插入损耗最大振幅超过 0.25 dB，即判定为失效。结合实验设备性能和这两种测试每次跌落器件的插入损耗，如果插入损耗改变大于 0.25 dB，则判定器件失效。

根据 LTPD 准则，从同一批次的产品中随机抽取 11 个样品，选取 LTPD 为 20%，则如果本次样品中出现产品失效，就判定这一批次产品为不合格产品。器件的跌落姿态、跌落高度以及跌落方式都会影响跌落测试结果。根据 GR-1221-CORE 测试标准，对平面光波导分路器三个轴向方向分别进行跌落在线测试，跌落高度设置为 1.8 m，使用跌落测试机进行跌落测试。如图 3.5.16 所示，为器件三种不同的跌落方向：平放、侧放和竖放。本次实验采用的跌落测试机如图 3.5.17 所示，满足半正弦测试波形，可以提供 2000 g 加速度冲击，测试器件被固定于跌落测试机的跌落台上，跌落台沿导杆下跌，落于刚性基座上，跌落撞击产生的一定形状、幅值和作用时间的加速度作用于跌落台，进而传导到跌落台上固定好的器件上，产生跌落冲击，完成一次跌落实验测试。在跌落的过程中，平面光波导分路器的输入和输出光纤连接到高速光功率测试设备上，实时测试插入损耗的改变。

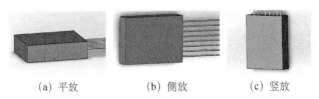

(a) 平放　　　　　　(b) 侧放　　　　　　(c) 竖放

图 3.5.16　不同跌落方向时器件的放置形式

图 3.5.17　跌落测试机

## 2. 测试结果及分析

实时测试器件每一次跌落时的插入损耗,以器件每个方向跌落实验前的静态插入损耗为基准值,选取偶数次跌落得到的测试数据计算并绘制插入损耗改变图。选取器件每次跌落所有端口测试到的最大插入损耗值,绘制成图。图 3.5.18 为 11 个器件跌落在线测试得到的最大插入损耗改变图,可知在 40 次的平放和侧放跌落过程中,插入损耗改变一般较小,波动不大。所有器件在整个跌落测试过程中,平放和侧放跌落测试得到的插入损耗变化值均小于0.25 dB,说明器件在平放跌落和侧放跌落的过程中没有发生光学性能失效,体现了较好的稳定性和一致性。

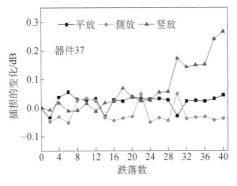

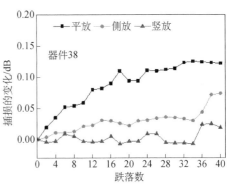

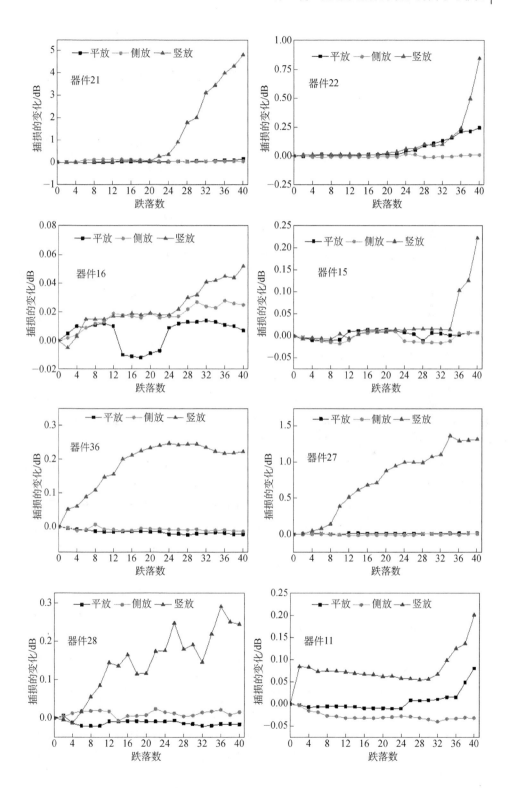

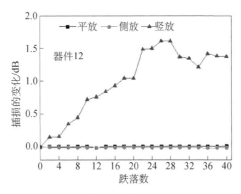

图 3.5.18 11 个器件跌落在线测试得到的最大插入损耗改变

竖放跌落过程中，随着跌落次数的增加，达到一定跌落次数后，插入损耗改变出现明显的正相关增加，甚至一些端口发生光学性能失效，这些端口的插入损耗改变量明显大于 0.25 dB。编号为 37 的平面光波导分路器在竖放第 38 次跌落后器件光学性能明显失效，编号为 21 的平面光波导分路器在竖放第 22 次跌落后器件光学性能明显失效，编号为 22 的平面光波导分路器在竖放和平放第 36 次跌落后器件光学性能明显失效，编号为 36 的平面光波导分路器在竖放第 24 次跌落后器件光学性能明显失效，编号为 27 的平面光波导分路器在竖放第 9 次跌落后器件光学性能明显失效，编号为 28 的平面光波导分路器在竖放第 26 次跌落后器件光学性能明显失效，编号为 12 的平面光波导分路器在竖放第 6 次跌落后器件光学性能明显失效。竖放跌落过程中，反复的机械冲击使得器件容易发生失效。

根据测试结果，选取每个器件每个方向跌落测得的最大插入损耗改变，绘制柱状图，如图 3.5.19 所示。图 3.5.19（a）是平放跌落在线测试插入损耗改变最大值分布图，平放跌落过程中器件的插入损耗改变很小，多数器件小于 0.1 dB，可见平放跌落对于器件插入损耗的影响不大。图 3.5.19（b）是侧放跌落在线测试插入损耗改变最大值分布图，同样器件插入损耗改变基本小于 0.1 dB，侧放跌落对于器件插入损耗的影响也很小。图 3.5.19（c）是竖放跌落在线测试插入损耗改变最大值分布图，在竖放跌落测试结果中，有 6 个器件的插入损耗改变大于 0.25 dB，则这 6 个器件在竖放跌落过程中发生了光学性能失效。从统计图中可知，竖放跌落对于器件插入损耗影响较大，平放跌落和侧放跌落对于器件光学性能的影响较小。目前采取的封装方式对于平放和侧放跌落冲击具有较好的可靠性，但是在竖放跌落中器件较容易发生失效。

进一步统计跌落失效器件中失效的端口，8 个端口失效次数如图 3.5.19（d）所示，可知 8 个端口失效次数相近，计算失效端口平均最大插入损耗改变可知，端口 8 改变最大，达到 1.868 dB，而其他端口平均最大插入损耗改变均小于 0.7 dB，可知在实验过程中端口 8 失效较严重。一个器件在跌落的过程中发生了机械性能失效，表现在光纤发生断裂，如图 3.5.20 所示，反复的跌落使得固定光纤的胶水发生脱落或断裂，失去固定的光纤在跌落过程中受到机械冲击容易在局部形成反复折弯，导致保护套脱落裸纤暴露，从而造成光纤断裂。

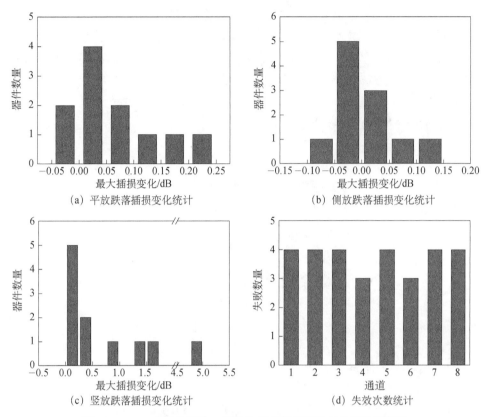

（a）平放跌落插损变化统计　　　（b）侧放跌落插损变化统计

（c）竖放跌落插损变化统计　　　（d）失效次数统计

图 3.5.19　11 个器件平放、侧放和竖放插损变化与失效次数统计

图 3.5.20　光纤断裂

对于其他失效的器件，进行拆解，盒式平面光波导分路器内部布局如图 3.5.21 所示，管式平面光波导分路器被采用胶水固定在紧靠盒壁的一侧，经过观察，

未发现器件内部发生明显的机械结构失效。对于这一类器件光学性能失效可能归结于两点：一，光纤裸纤和保护套之间采用胶水固定，当受到竖直跌落的机械冲击时，裸纤在连接面处可能会发生折弯或应力增强，由于端口 8 处光纤固定时弯曲半径较小，因此在受到机械冲击时发生折弯的可能性更大，造成光功率损耗较大；二，管式平面光波导分路器是使用胶水固定的，其紧靠盒壁，在平放和侧放跌落过程中，有盒壁进行约束，不易发生移动，而在竖直跌落过程中，管式平面光波导分路器容易发生竖直方向的相对位移，这将导致平面光波导芯片和阵列波导之间产生相对位移偏差，以及输入输出端光纤发生折弯，从而造成平面光波导分路器光学性能失效。

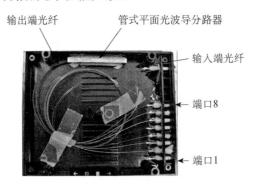

图 3.5.21　盒式平面光波导分路器内部布局

### 3.5.5　案例小结

平面光波导分路器可靠性研究对于保证器件和网络稳定性具有重要意义，本案例聚焦平面光波导分路器温湿度循环和跌落可靠性试验测试研究，发现平面光波导分路器插入损耗随温度的变化而发生改变，高温 75℃ 和低温 −40℃ 均可引起插入损耗明显增加；对器件在三个轴向方向上分别进行跌落测试，通过在线测试发现多数器件在竖放跌落中随着跌落次数的增加逐渐发生光学性能失效，竖放跌落对于器件封装结构的冲击影响最大，为进一步分析和研究平面光波导分路器的可靠性提供了实验依据。

### 3.5.6　案例使用说明

#### 1. 教学目的与用途

可靠性是光电子器件的重要技术指标，是衡量其使用寿命和提升产品竞争力的关键因素。本案例以平面光波导分路器的温湿度可靠性实验来说明无源光电子器件温湿度循环和跌落可靠性测试的规范和过程，包括如何对产品进行抽样，以及如何对实验结果进行分析和统计，并归纳总结出平面光波导分路器的典型失效形式。

### 2. 涉及知识点

光电子器件、平面光波导分路器、可靠性、测试标准、抽样检测、温湿度循环、跌落、可接受质量标准、批允许不良率、失效形式。

### 3. 配套教材

[1] 陈炳生. 电子可靠性工程. 北京：国防工业出版社，1987

[2] 夏冰心. 平面光波导分路器热和机械可靠性测试研究. 长沙：中南大学，2019

[3] Generic Reliability Assurance Requirements for Passive Optical Components. GR-1221-CORE，ISSUE 2，2014

### 4. 启发思考题

（1）什么是产品的可靠性？如何评价和测试？

（2）产品可靠性与哪些因素有关？

（3）平面光波导分路器的可靠性与哪些因素有关？如何提高其可靠性？

### 5. 分析思路

从光通信网络中光电子器件失效的危害开始讨论，提出"如何保证光电子器件可靠地工作"问题让学生讨论并进行总结，进而引出光电子器件的准入门槛——可靠性标准，并介绍可靠性测试中如何对产品进行抽样测试。然后以平面光波导分路器的温湿度可靠性实验来说明无源光电子器件温湿度循环和跌落可靠性测试的规范和过程，并对测试结果进行分析和总结。最后让学生讨论如何根据测试结果来提高无源光电子器件的可靠性。

### 6. 理论依据

见 3.5.2 节介绍。

### 7. 背景信息

（1）无源光电子器件可靠性背景见案例 3.5 引言和 3.5.1 节介绍。

（2）可靠性研究的发展。

可靠性作为产品的重要质量属性之一，随着产品的出现而出现，但可靠性的研究却是 20 世纪 40 年代才开始的，原因在于早期产品相对较简单，且使用条件和环境相对较"温和"，产品的损坏和更换被认为是理所当然的。直到 20 世纪 40 年代，电子系统出现了，元器件经常失效而导致无法使用。至此，可靠性理论及其技术才开始迅速发展，并逐渐发展为一门独立的系统的工程学科——可靠性工程。表 3.5.3 为可靠性研究的发展历程。

表 3.5.3　可靠性研究的发展历程

| | 时间 | 事件 |
|---|---|---|
| 萌芽 | 1942 年 | 可靠性一词出现在 MIT 实验室对真空电子管的报告中 |
| | 1943 年 | 美国成立"电子管研究小组"，专门研究电子管的可靠性 |
| | 1949 年 | 美国无线电工程学会成立可靠性技术组 |
| 兴起 | 1952 年 | 美国成立"电子设备可靠性咨询委员会"，可靠性的定义确定 |
| | 1957 年 | 发布《军用电子设备的可靠性》，标志着可靠性工程正式成为一门独立的学科 |
| 发展 | 20 世纪 60 年代 | 美国国防部颁布 MIL-HDBK-217《电子设备可靠性预测》、MIL-HDBK-251《电子设备可靠性热设计手册》等标准。我国开始引进可靠性理论和技术 |
| | 20 世纪 70 年代 | 计算机进行辅助可靠性设计，我国"七专"质量控制技术 |
| 成熟 | 20 世纪 80 年代 | 各国成立统一的可靠性管理机构 |
| | 20 世纪 90 年代 | 行业协会，如 IPC、JEDED 等成立 |
| | 21 世纪 | 综合化、自动化、系统化和智能化方向发展 |

## 8. 关键要点

（1）光电子器件可靠性标准。
（2）产品抽样规则。
（3）温湿度循环和跌落测试结果分析。

## 9. 课堂计划建议

| | 0～10min | 学生围绕"如何保证光电子器件可靠地工作"自由讨论 |
|---|---|---|
| | 10～30min | 介绍光电子器件可靠性测试标准和产品抽样规则 |
| 课堂时间 90min | 30～80min | 以平面光波导分路器的温湿度可靠性实验来说明无源光电子器件温湿度循环和跌落可靠性测试的规范和过程，并对测试结果进行分析和总结 |
| | 80～90min | 最后让学生讨论如何根据测试结果来提高无源光电子器件的可靠性 |

# 参 考 文 献

[1] Inoue Y, Ishii M, Hida Y, et al. PLC components used in FTTH access networks. NTT Technical Review, 2005, 3（7）: 22-26

[2] Watanabe H, Araki N, Fujimoto N. Highly reliable PON optical splitters for optical access networks in outside environments. IEICE Transactions on Electronics, 2010, 93（7）: 1180-1190

[3] Gang W, Yang C, Li S, et al. Recent advances in energy-efficient networks and their application in 5G systems. IEEE Wireless Communications, 2015, 22（2）: 145-151

[4] Gomes R, Reis J, Al-Daher Z, et al. 5G: performance and evaluation of FS-FBMC against OFDM for high data rate applications at 60 GHz. Iet Signal Processing, 2018, 12（5）: 620-628

[5] Aratake A. High reliability of silica-based 1×8 optical splitter modules for outside plant. Journal of Lightwave Technology, 2016, 34（2）: 227-232

[6] Hibino Y, Hanawa F, Nakagome H, et al. High reliability optical splitters composed of silica-based planar lightwave circuits. Journal of Lightwave Technology, 1995, 13（8）: 1728-1735

[7] Wua C W. A variables sampling plan based on for product acceptance determination. European Journal of Operational Research, 2008, 184（2）: 549-560

[8] Wang L, An J, Wu Y, et al. A compact 1×64 optical power splitter using silica-based PLC on quartz substrate. Optics & Laser Technology, 2014, 61: 45-49

[9] Morishita K, Takashina K. Polarization properties of fused fiber couplers and polarizing beam splitters. Journal of Lightwave Technology, 1991, 9（11）: 1503-1507

[10] 郑煜. 阵列波导器件耦合封装机理及其关键技术研究. 长沙: 中南大学, 2012

[11] Yoshida J, Yamada M, Terui H. Packaging and reliability of photonic components for subscriber network systems. IEEE Transactions on Components, Hybrids, and Manufacturing Technology, 1993, 16（8）: 778-782

[12] Yamada Y, Hanawa F, Kitoh T, et al. Low-loss and stable fiber-to-waveguide connection utilizing UV curable adhesive. IEEE Photonics Technology Letters, 1992, 4（8）: 906-908

[13] Piccirillo A, Zaffiro G, Tambosso T, et al. Reliability of optical branching devices. IEEE Journal of Selected Topics in Quantum Electronics, 1999, 5（5）: 1413-1417

[14] Govindaraju K, Subramani K. Selection of multiple deferred state MDS-1 sampling plans for given acceptable quality level and limiting quality level involving minimum risks. Journal of Applied Statistics, 1991, 17（3）: 427-434

[15] Tan C, Chan Y, Chan H, et al. Investigation on bond ability and reliability of UV-curable

adhesive joints for stable mechanical properties in photonic device packaging. Microelectronics Reliability, 2004, 44 ( 5 ): 823–831

[16] Lam K W, Chan H P, Uddin M A. Failure analysis of adhesive bonded planar lightwave circuit ( PLC ) based optical splitter packages. Optoelectronics and Advanced Materials, 2009, 3 ( 10 ): 7

[17] Zheng Yu, Xia Bingxin, Gao Piaopiao, et al. Novel research on reliability of silica-based PLC optical splitters. Optik, 2019, 178: 1294–1301

[18] Zheng Yu, Xia Bingxin. High precision fast line detection of alignment and coupling for planar optical waveguide device. Optik, 2017, 145: 519–528

[19] Ishii M, Hibino Y, Hanawa F, et al. Packaging and environmental stability of thermally controlled arrayed-waveguide grating multiplexer module with thermoelectric device. Journal of Lightwave Technology, 1998, 16 ( 2 ): 258–264

# 附录

# 专业词汇及缩略语

| A | | |
|---|---|---|
| AAU | Active Antenna Unit | 有源天线单元 |
| AM | Amplitude Modulation | 幅度调制 |
| AF | Acceleration Factor | 加速因子 |
| AON | All Optical Network | 全光网络 |
| AOTF | Acoustic-optical Device | 声光可调滤波器 |
| APD | Avalanche Photodiode | 雪崩二极管 |
| ARC | Antireflection Coating | 抗反射膜 |
| ASE | Amplified Spontaneous Emission | 放大自发辐射 |
| ASK | Amplitude Shift Keying | 幅移键控 |
| AWG | Arrayed Waveguide Grating | 阵列波导光栅 |
| B | | |
| BBU | Building Base Band Unit | 室内基带处理单元 |
| BER | Bit Error Rate | 误码率 |
| BH | Buried Heterostructure | 掩埋异质结 |
| BPF | Band Pass Filter | 带通滤波器 |
| BOSA | Bi-directional Optical Sub-assembly | 双工组件 |
| BPM | Beam Propagation Method | 光束传播法 |
| BPON | Broadband Passive Optical Network | 宽带无源光网络 |
| C | | |
| C3 | Cleaved-coupled Cavity | 解理耦合腔 |

续表

| CATV | Common Antenna Cable Television | 有线电视 |
|------|--------------------------------|---------|
| CDMA | Code Division Multiple Access | 码分多址 |
| CDM | Code Division Multiplexing | 码分复用 |
| CDR | Clock Data Recovery | 时钟数据恢复 |
| CMOS | Complementary Metal Oxide Semiconductor | 互补金属氧化物半导体 |
| CMP | Chemical Mechanical Polishing | 化学机械抛光 |
| CNR | Carrier to Noise Ratio | 载噪比 |
| CSRZ | Carrier Suppressed Return to Zero Code | 载波抑制归零码 |
| CT | Cross Talk | 串音 |
| CVD | Chemical Vapor Deposition | 化学气相沉积 |
| CW | Continuous Wave | 连续波 |
| CWDM | Coarse Wavelength Division Multiplexing | 粗波分复用 |
| **D** | | |
| DB | Direct Bandgap | 直接带隙 |
| DBR | Distributed Bragg Reflector | 分布布拉格反射器 |
| DBR-LD | DBR-Laser Diode | 分布布拉格反射激光器 |
| DC | Direct Current | 直流 |
| DC | Directional Coupler | 定向耦合器 |
| DCF | Dispersion Compensating Fiber | 色散补偿光纤 |
| DDF | Digital Distribution Frame | 数字配线架 |
| DeMux | Demultiplex | 解复用器 |
| DFB | Distributed Feedback | 分布反馈 |
| DFB-LD | DFB-Laser Diode | 分布反馈激光器 |
| DFF | Dispersion Flattened Fiber | 色散平坦光纤 |
| DFG | Difference Frequency Generation | 差频生成 |
| DH | Double Heterojunction | 双异质结 |
| DIP | Dual in-Line Package | 双列直插 |
| DML | Directly Modulated Laser | 直接调制激光器 |
| DRC | Design Rule Check | 设计规则检查 |
| DSF | Dispersion Shifted Fiber | 色散位移光纤 |
| DSM-LD | Dynamic Single Mode Laser Diode | 动态单模激光器 |
| DPSK | Differential Phase Shift Keying | 差分相移键控 |
| DUT | Device Under Test | 测试器件 |

续表

| DWDM | Dense Wavelength Division Multiplexing | 密集波分复用 |
|---|---|---|
| **E** | | |
| EDA | Electronic Design Automation | 电子设计自动化 |
| EDFA | Erbium Doped Fiber Amplifier | 掺铒光纤放大器 |
| EIM | Effective Index Method | 有效折射率法 |
| EL | Excess Loss | 附加损耗 |
| EME | Eigen Mode Expansion | 模式扩展法 |
| EML | External Modulated Laser | 外调激光器 |
| EPI | Epitaxy | 外延 |
| EPON | Ethernet Passive Optical Network | 以太无源光网络 |
| ER | Extinction Ratio | 消光比 |
| ESA | Excited State Absorption | 激发态吸收 |
| **F** | | |
| FA | Fiber Array | 光纤阵列 |
| FAB | Fiber Array Block | 光纤阵列块 |
| FBG | Fiber Bragg Grating | 光纤布拉格光栅 |
| FBI | Fiber Interface | 光纤接口 |
| FBT | Fused Biconic Taper | 熔融拉锥 |
| FC | Fiber Connector | 光纤连接器 |
| FCA | Free Carrier Absorption | 自由载流子吸收 |
| FCPD | Free Carrier Plasma Dispersion | 自由载流子等离子色散 |
| FDDI | Fiber Distributed Data Interface | 光纤数据分配接口 |
| FDM | Frequency Division Multiplexing | 频分复用 |
| FDTD | Finite-difference Time-domain | 时域有限差分法 |
| FET | Field Effect Transistor | 场效应晶体管 |
| FHD | Flame Hydrolysis Deposition | 火焰水解沉积 |
| FIC | Field Installable Connector | 快速连接头 |
| FinFET | Fin Field Effect Transistor | 鳍式场效应晶体管 |
| FM | Frequency Modulation | 频率调制 |
| FP | Fabry-Perot | 法布里-珀罗 |
| FP-LD | FP-Laser Diode | 法布里-珀罗激光器 |
| FSK | Frequency Shift Keying | 频移键控 |
| FSR | Free Spectral Range | 自由光谱范围 |

| FTTH | Fiber to The Home | 光纤到户 |
|---|---|---|
| FTTR | Fiber to The Remote | 光纤到远端 |
| FTTR | Fiber to The Room | 光纤到房间 |
| FTTx | Fiber to The x | 光纤到x |
| FWDM | Filter Wavelength Division Multiplexing | 滤波片式波分复用器 |
| FWHM | Full Width at half Maximum | 半高全宽 |
| FWM | Four-wave Mixing | 四波混频 |
| **G** | | |
| GAA FET | Gate-All-Around FET | 全环绕栅极晶体管 |
| GFF | Gain Flattening Filter | 增益平坦滤波器 |
| GIOF | Graded Index Optical Fiber | 渐变折射率分布光纤 |
| GPON | Gigabit Passive Optical Network | 吉比特无源光网络 |
| GVD | Group Velocity Dispersion | 群速度色散 |
| **H** | | |
| HBT | Heterojunction Bipolar Transistor | 异质结双极晶体管 |
| HCF | Hollow Core Fiber | 空芯光纤 |
| HCF | Hermetically Coated Fiber | 密封涂层光纤 |
| HDTV | High Definition Television | 高清晰电视 |
| HFC | Hybrid Fiber Coaxial | 混合光纤/电缆 |
| HNLF | Highly Nonlinear Fiber | 高非线性光纤 |
| HPC | High Performance Computing | 高性能计算 |
| HWDM | High Isolation Wavelength Division Multiplexing | 高隔离度波分复用 |
| **I** | | |
| IC | Integrated Circuit | 集成电路 |
| ICP | Inductively Coupled Plasma | 电感耦合等离子 |
| IEC | International Electrotechnical Commission | 国际电工委员会 |
| IL | Insertion Loss | 插入损耗 |
| IM | Intensity Modulation | 强度调制 |
| IM-DD | Intensity Modulation with Direct Detection | 强度调制-直接检测 |
| IMD | Intermodulation Distortion | 交互调制失真 |
| ISI | Intersymbol Interference | 码间干扰 |
| ISO | International Organization for Standardization | 国家标准化组织 |
| ISDN | Integrated Services Digital Network | 综合业务数字网 |

续表

| ITU | International Telecommunication Union | 国际电信联盟 |
|---|---|---|
| ITU-T | ITU's Telecommunication Standardization Sector | 国际电信联盟远程通信标准化组织 |
| IPTV | Internet Protocol Television | 交互式网络电视 |
| **L** | | |
| LAN | Local Area Network | 局域网 |
| LD | Laser Diode | 激光二极管 |
| LED | Light Emitting Diode | 发光二极管 |
| LI | Light Current | 光电流 |
| LiDAR | Light Detection and Ranging | 激光探测及测距，又称激光雷达 |
| LIV | Light-Current-Voltage | 光强-电流-电压 |
| LPE | Liquid Phase Epitaxy | 液相外延 |
| LWDM | Lan Wavelength Division Multiplexing | 局域网波分复用 |
| **M** | | |
| MAN | Metropolitan Area Network | 城域网 |
| MBE | Molecular Beam Epitaxy | 分子束外延 |
| MCVD | Modified Chemical Vapor Deposition | 改进的化学气相沉积 |
| MFD | Mode Field Diameter | 模场直径 |
| MMF | Multi Mode Fiber | 多模光纤 |
| MOCVD | Metal-organic Chemical Vapor Deposition | 金属有机化学气相沉积 |
| MONET | Multiwavelength Optical Network | 多波长光网络 |
| MPEG | Motion Picture Entertainment Group | 视频动画专家组 |
| MPW | Multi Project Wafer | 多项目晶圆 |
| MQW | Multi-quantum Well | 多量子阱 |
| MR | Miro Ring | 微环 |
| MSK | Minimum Shit Keying | 最小频偏键控 |
| MSR | Mode Suppression Ratio | 模式抑制比 |
| MTBF | Mean Time Between Failure | 平均无故障工作时间 |
| MUX | Multiplex | 多路复用 |
| MWDM | Metro Wavelength Division Multiplexing | 城域波分复用 |
| MZ | Mach-Zehnder | 马赫-曾德尔 |
| MZI | Mach-Zehnder Interferometer | 马赫-曾德尔干涉仪 |

续表

| N | | |
|---|---|---|
| NA | Numerical Aperture | 数值孔径 |
| NDFA | Niobium-doped Fiber Amplifier | 掺铌光纤放大器 |
| NEP | Noise Equivalent Power | 等效噪声功率 |
| NF | Noise Figure | 噪声指数 |
| NGN | Next Generation Network | 下一代网络 |
| NRZ | Non-return to Zero Code | 非归零码 |
| O | | |
| OADM | Optical Add-drop Multiplexer | 光分插复用 |
| OAN | Optical Access Network | 光接入网 |
| OC | Optical Carrier | 光载波 |
| OEIC | Optoelectronic Integrated Circuit | 光电集成回路 |
| OLT | Optical Line Terminate | 光线路终端 |
| ODF | Optical Distribution Frame | 光纤配线架 |
| ODN | Optical Distribution Network | 光配线网络 |
| OOK | On-off Keying | 开-关键控 |
| OPC | Optical Phase Conjugation | 光相位共轭 |
| OSA | Optical Subassembly | 光电子封装 |
| OSFP | Octal Small Form Factor Pluggable | 八通道小尺寸可插拔 |
| OSU | Optical Subscriber Unit | 光用户单元 |
| OSU | Optical Service Unit | 光业务单元 |
| OTDM | Optical Time Division Multiplexing | 光时分复用 |
| OTDR | Optical Time Domain Reflectometer | 光时域反射仪 |
| OTN | Optical Transport Network | 光传送网 |
| OTM | Optical Termination Multiplexer | 光终端复用器 |
| OTU | Optical Translator Unit | 光转发器 |
| OVD | Outside Vapor Deposition | 管外气相外延 |
| OXC | Optical Cross Connect | 光交叉连接 |
| P | | |
| PC | Polarization Controller | 偏振控制器 |
| PCM | Pulse Code Modulation | 脉冲编码调制 |
| PCVD | Plasma Chemical Vapor Deposition | 等离子体化学气相沉积 |
| PD | Photon Detector | 光探测器 |

续表

| PDF | Probability Density Function | 概率密度函数 |
|---|---|---|
| PDFA | Praseodymium-doped Fiber Amplifier | 掺镨光纤放大器 |
| PDK | Process Design Kit | 工艺设计套件 |
| PDL | Polarization Dependent Loss | 偏振相关损耗 |
| PDM | Polarization Division Multiplexing | 偏振复用 |
| PDM | Pulse Density Modulation | 脉冲宽度调制 |
| PECVD | Plasma Enhanced Chemical Vapor Deposition | 等离子体增强化学气相沉积 |
| PIC | Photonic Integrated Circuit | 光子集成回路 |
| PLC | Planar Lightwave Circuit | 平面光波回路 |
| PMD | Polarization Mode Dispersion | 偏振模式色散 |
| PML | Perfectly Matched Layer | 完美匹配层 |
| PON | Passive Optical Network | 无源光网络 |
| PPM | Pulse Position Modulation | 脉冲位置调制 |
| PPR | Positive Photo Resist | 正光刻胶 |
| PR | Photoresist | 光刻胶 |
| PR | Polarization Rotator | 偏振旋转器 |
| PSK | Phase Shift Keying | 相移键控 |
| PVD | Physical Vapor Deposition | 物理气相沉积 |
| **Q** | | |
| QSFP | Quad Small Form-factor Pluggable | 四通道小尺寸可插拔 |
| **R** | | |
| RA | Raman Amplifier | 拉曼放大器 |
| RF | Radio Frequency | 射频 |
| RIE | Reactive Ion Etching | 反应离子刻蚀 |
| RIN | Relative Intensity Noise | 相对强度噪声 |
| RL | Return Loss | 回波损耗 |
| RMS | Root Mean Square | 均方根 |
| ROSA | Receiver Optical Subassembly | 光接收组件 |
| RRU | Remote Radio Unit | 射频拉远单元 |
| RZ | Return to Zero Code | 归零码 |
| **S** | | |
| SBS | Stimulated Brillouin Scattering | 受激布里渊散射 |
| SCM | Subcarrier Multiplexing | 副载波复用 |

续表

| | | |
|---|---|---|
| SDH | Synchronous Digital Hierarchy | 同步数字体系 |
| SDMA | Space Division Multiple Access | 空分多址 |
| SEM | Scanning Electron Microscope | 扫描电子显微镜 |
| SFP | Small Form Pluggable | 小尺寸可拔插 |
| SIOF | Step Index Optical Fiber | 阶跃折射率光纤 |
| SLM | Single Longitudinal Mode | 单纵模 |
| SMF | Single Mode Fiber | 单模光纤 |
| SNR | Signal to Noise Ratio | 信噪比 |
| SOA | Semiconductor Optical Amplifier | 半导体光放大器 |
| SONET | Synchronized Optical Network | 同步光网络 |
| SOI | Silicon on Insulator | 绝缘衬上硅 |
| SMU | Source Measure Unit | 光源测试单元 |
| SRS | Stimulated Raman Scattering | 受激拉曼散色 |
| STM | Synchronous Transport Module | 同步转移模块 |
| STS | Synchronous Transport Signal | 同步转移信号 |
| **T** | | |
| TCAD | Technology Computer Aided Design | 计算机辅助设计技术，也指半导体工艺与器件模拟工具 |
| TCP/IP | Transmission Control Protocol / Internet Protocol | 传输控制协议 / 互联网协议 |
| TDM | Time Division Multiplexing | 时分复用 |
| TE | Transverse Electric | 横电模 |
| TIA | Trans-impedance Amplifier | 跨阻放大器 |
| TIR | Total Internal Reflection | 全反射 |
| TL | Transmission Loss | 传输损耗 |
| TLC | Twin Lakes Church，www.tlc.org | 泰尔认证 |
| TM | Transverse Magnetic | 横磁模 |
| TO-CAN | Transistor-Outline | 同轴型封装 |
| TOSA | Transmitter Optical Subassembly | 光发射组件 |
| TPA | Two Photon Absorption | 双光子吸收 |
| TSV | Through Silicon Vias | 硅通孔 |
| TW | Travelling Wave | 行波 |
| **U** | | |
| UV | Ultra-violet | 紫外 |

续表

| V | | |
|---|---|---|
| VAD | Vapor Axial Deposition | 气相轴向沉积 |
| VCSEL | Vertical Cavity Surface Emitting Laser | 垂直腔表面发射激光器 |
| VOA | Variable Optical Attenuator | 可调光衰减器 |
| VPE | Vapor Phase Epitaxy | 气相外延 |
| VSB | Vestigial Side Band | 残留边带 |
| W | | |
| WAN | Wide Area Network | 广域网 |
| WDM | Wavelength Division Multiplexing | 波分复用 |
| WDMA | Wavelength Division Multiplexing Access | 波分复用接入系统 |
| WGA | Waveguide Grating Router | 波导光栅路由器 |
| X | | |
| XGM | Cross Gain Modulation | 交叉增益调制 |
| XPM | Cross Phase Modulation | 交叉相位调制 |
| Y | | |
| YIG | Yttrium Iron Garnet | 钇铁石榴石晶体 |